KB023528

70년대생이 운다

70년대생이 운다

박중근 지음

미증유의 최강 신인류 90년대생을 만나 한창 고군분투 중인

70년대생 X세대 리더들에게 이 책을 드립니다.

상생의 게임을 위하여

"코로나보다 더 스트레스 받게 한다. 회사 갈 생각만 해도 짜증 난다." 70년대생 리더들의 탄식이 계속해서 들려온다. 70년대생이 울고 있다.

　한 가지 고백부터 하겠다. 초등학생 시절부터 선생님께 '간섭이 심하다'는 평을 들어왔다. 한동안 이 말에 스트레스를 받았지만 결국은 인정했다. 지금도 주변에서 힘들다는 소리가 들려오면 가만히 있지를 못한다. 내 시간 내 돈을 써서라도 해결해야 직성이 풀린다. 역시 선생님의 눈은 속일 수가 없다.

　'코로나'보다 더 힘들고 짜증 나게 만든다는 말이 들려오는데 잠자코 있을 수 없다. 도대체 무엇 때문인가? 업무강도, 매출압박, 워라밸 같은 문제인가? 아니다. 함께 일하는 '90년대생' 때문이란다.

90년대생은 '도저히' 안 맞는다는 것이다. 이들 때문에 직장 내 스트레스 지수가 무한대로 치솟고 있다고 한다. 여기서 궁금증이 폭발했다.

세대갈등은 너무 흔한데 왜 유독 70년대생이 90년대생에게 극도의 스트레스를 받는 걸까? 사실 전에도 이런 얘기를 듣곤 했지만 그다지 와닿던 주제는 아니었다. 한창 직장생활을 할 때는 90년대생이 거의 없었기 때문일 것이다. 조직을 나와 1인 기업을 설립해 컨설팅, 코칭, 강의를 진행하면서 이런 갈등을 목격하기 시작했다.

지난 27년 직장생활 동안 가장 관심 있게 지켜본 것이 교육을 통한 변화였다. 이를 바탕으로 본격적으로 직장 내 세대갈등 문제를 다뤄보기로 마음먹었다. 객관적인 입장에서 현장의 목소리를 듣고 다양한 사례를 분석해봤다. 하지만 모든 관심과 정보가 90년대생에 몰려 있다는 점이 아쉬움으로 다가왔다. 정작 울고 있는 당사자는 70년대생 리더들인데 말이다. 물론 제품이든 세대든 새로운 것이 화젯거리가 되는 것은 당연하다. 누구나 이미 존재하는 것보다는 새로운 것에 관심을 갖는다. 그렇다 해도 '울고 있는' 70년대생, 기성세대를 보듬고 그들이 행복한 리더가 되도록 돕는 지침서 한 권쯤은 있어야 하지 않을까?

X세대 맏형으로서 현재 조직의 가장 중요한 리더군인 70년대생을 위로하고 응원할 작정이다. 아울러 그들의 리더십을 분석하여 날카롭게 비판하고 따뜻하게 조언할 것이다. 90년대생은 누구인

가? X세대는 꼰대인가, 리더인가? X세대 리더의 특징은 무엇인가? X세대에게 바라는 리더십은 무엇인가? 어떤 리더가 성과를 내는 가? 성공한 리더는 후배를 어떻게 평가하는가? 성공한 리더는 후배들에게 어떤 평가를 받는가? 등등 직장 내 세대갈등과 리더십 문제를 풍부한 사례와 함께 소개하며 그 해결방법을 제시하겠다.

이 책은 상당 부분 70년대생 관점으로 펼쳐지지만 균형감을 갖기 위해 90년대생 관점도 포함시켰다. 기존 자료들을 지나치게 인용하면서 분량을 채우기보다 살아 있는 사례 위주로 현실감을 높였다. 찬찬히 읽으며 자신의 경우와 비교해보고 비슷하다면 제시된 해결방법을 직접 실천해보면 된다. 부디 '저항하지' 말고 '내려놓고' 읽어보기 바란다.

책을 읽고 나면 '꼰대'라는 말에 기죽지 않으면서도 분명 달라진 나를 만나게 될 것이다. X세대 리더로서 위풍당당하게 앞으로 나아가게 될 것이다. 평생을 바쳐 일한 대가가 조직과 후배의 외면 내지는 부당평가로 이어지지 않기를 바라는 마음 간절하다. 부디 이 책이 새로운 세대와 '슬기로운 생활'을 해나가는 데 훌륭한 '핫팁'이 되기를 기대한다.

특히 90년대생에게는 기성세대에 대한 이해를 돕는 훌륭한 길잡이가 될 것으로 본다. 조직의 리더를 꿈꾸며 이 책을 선택했다면(분명 그럴 것이라고 믿는다) 당신은 현명한 사람이다. '우리 부장, 우리 이사는 왜 저러지?' 매일같이 이런 의문이 생긴다면 이 책은 제법 많은 답을 줄 것이다. 사실 지금 당신이 '꼰대'라고 부르는 상사들은

15~20년 전 직장생활을 막 시작했을 때 그들의 상사 눈에는 현재의 당신보다 훨씬 당차고 진보적인 사람들이었다. 마음을 열고 그들에게 다가가 깊은 대화를 나눠보면 금방 확인할 수 있을 것이다. 그들이 당신을 괴롭히려고, '라떼' 같은 소리나 하려고 집에서 연습하고 나오는 사람이 아님을 명심해야 한다.

오랜 세월 리더십 강의를 하면서 후배들에게 일관성 있게 당부하는 것이 하나 있다. 조직에서 성공을 꿈꾼다면 성공의 정의를 다시 정립하라는 것이다. 성공은 누군가를 밀어내고 그 자리를 차지하는 단순한 게임이 아니다. 당신 위에 있는 그분을 더 위로 밀어올리고 당신이 그 자리로 가는 '상생의 게임'이다. 지금 하는 행동을 성장에 유리한 쪽으로 바꿔나간다면 위아래 샌드위치 스트레스를 받고 있는 당신의 리더에게 누구보다 멋진 동반자가 될 것이다. 그 멋진 동반의 대가는 상상 이상으로 크다는 사실을 굳게 믿으라고, 이미 경험해본 선배의 입장에서 간곡히 당부한다.

뜨겁더라도 불평하지 마라.
어차피 당신 손안에 있지 않은가.
'호호' 불며 함께할 방법에 집중하라.
당신은 지금 배가 고프다.

뜨거운 감자

Chapter 1

당신에게
'90년대생'이란?

예나 지금이나

본격적으로 세대갈등을 논하기에 앞서 이것이 새삼스러운 일인가 묻는다면 당연히 아니라고 답할 것이다. 우리가 이미 알고 있듯이 세대갈등은 지금으로부터 2~3천 년 전 고대 문헌이나 유적에도 심심찮게 나오는 이야기이다.

기원전 1700년경 제작된 수메르 비석에는 재밌게도 지금과 전혀 다를 것 없는 내용이 쓰여 있다.

"제발 철 좀 들어라. 공공장소에서 서성거리거나 길에서 배회하지 마라. 선생님 앞에서 겸손하게 굴고, 어려워해라. 네가 두려워하면 선생님도 널 좋아할 것이다."

또 다른 수메르 기록에는 청년들이 하는 행동을 보면 말세라는 말이 나오고, 고대 철학자 소크라테스도 '젊은이들이 아무 데서나 먹을 것을 씹고 다니며 버릇이 없다'는 말을 남겼다.

이렇듯 세대갈등은 어제오늘 이야기가 아니다. 고대인들은 부모나 어른 앞에서 절대적으로 복종했을 거라고 짐작하지만 지금과 전혀 다르지 않다. 어쩌면 인간은 근본적으로 기성세대에 도전하는 DNA를 품고 있을지도 모른다는 합리적 의심까지 해본다. 수메르인의 비석에 등장하는 아버지와 아들 나이 차가 대략 20~30년 정도일 것으로 추정해보면, 지금의 70년대생과 90년대생 관계와 크게 다르지 않다. 따라서 지금의 세대갈등을 이해하는 데도 큰 도움이 된다.

멀리 세계사에서 찾지 않더라도 젊은 세대를 개탄하는 내용은 조선에서도 찾아볼 수 있다. 조선 중기의 대학자인 남명 조식과 퇴계 이황이 나눈 대화가 있다. 조식은 이황과 더불어 당시 유학의 정신적 지주였던 사람이다. 그는 젊은 선비들이 물 뿌리고 비질하는 법도 모르면서 말로는 천하의 이치를 논하고 남을 속이려고 한다고 나무랐다. 그렇게 똑똑한 척하지만 도리어 남에게 사기를 당하기도 하고, 그 피해가 또 다시 다른 이에게 미치고 있다고 말하며 이황 선생 같은 사람이 그들을 꾸짖어 훈계하기를 청했다고 전해진다.

지난 시절 직장에서 일하면서 문제가 발생했을 때 세대를 운운해본 적은 없던 것 같다. 문제가 있다면 당사자 한 명의 문제이지 그가 속한 세대 전체의 문제라고 생각해본 적은 없었다. 지금 사회 분위

수메르 기록에는 청년들이 하는 행동을 보면 말세라는 말이 나오고,
고대 철학자 소크라테스도 '젊은이들이 아무 데서나 먹을 것을 씹고 다니며 버릇
이 없다'는 말을 남겼다.

기도 이런 문제를 너무 세대갈등만으로 몰아간다는 인상을 지울 수가 없었다. 이것이 선입관으로 작용하면 선의의 피해를 입는 사람이 많이 생겨날 것이기 때문이다.

하지만 현실은 간단치 않았다. 그다지 큰 문제의식을 갖지 않고 시작한 조사였는데, 예상했던 것보다 상황은 훨씬 더 심각했다.

완벽한 타인

어느 날 대학원 동기들과 식사자리가 있었다. 안 그래도 '뜨거운 감자' 90년대생에 관심을 갖고 있던 터라 화제를 90년대생으로 집중시키고 그들의 말을 경청하기 시작했다. 참석자 대부분이 마침 70년대생들이었고, 그들이 다니는 회사에 90년대생이 본격적으로 입사하는 시기여서 그랬는지 피부에 와닿는 충격적인 증언을 들을 수 있었다. 정확히 1971년생, 최근 한 외국계 제약회사의 대표를 맡은 동기가 포문을 열었다.

"형님, 요즘 들어오는 90년대생 신입사원을 도저히 이해할 수가 없어요. 도대체 기본은 집에 두고 오는 건지, 무슨 생각으로 회사를 오는 건지 알 수가 없어요. 한번은 전 직원 모임에서 '직장인이라면 회사에 30분 전에는 와서 하루를 준비해야 한다'고 조언했는데, '그럼 퇴근시간 30분 전에 나가도 되냐'는 말을 듣고는 말문이 꽉 막혀버렸습니다. 저는 최소 30분 전에는 자리에 앉아야 그날 하루를 주도적으로 설계할 수 있다고 배웠고, 그 말을 지금껏 실천해왔거든요. 그래서 이 자리까지 오른 거고요. 그리고 옷차림은 또 왜 그러는 건지. 퇴근하고 바로 놀러갈 생각으로 회사를 나오는 건지, 너무 '캐주얼' 하게 입고 다니는 겁니다. 보고 있으면 스트레스만 받아요."

사실 이 모임 며칠 전 컨설팅 업무를 하고 있는 어느 글로벌기업의 70년대생 임원으로부터 들은 말이 있었다. 어쩌면 이리도 토씨 하나 심지어 순서까지 틀리지 않나 싶어서 속으로 웃음이 났다. 곧이어 언론사에 다니는 동기 한 명이 말을 이어받았다.

"그건 약과예요. 퇴근 전부터 맛집 검색하고 있는 요즘 애들 보면 정말 미친다니까요. 나는 밤을 새워 기사 작성하고 해외 통신사와 화상회의까지 하고 지쳐 있는데⋯⋯. 그리고 어느 날 회사 냉장고를 열다가 깜짝 놀랐어요. 냉장고 안이 건강보조식품하고 닭가슴살로 가득 차 있는 거예요. 누구 건가 했는데 갓 들어온 신입사원이 택배로 시켜서 채워놓았다는 겁니다. 일은 지지리도 못하면서 자기는 끔찍하게 챙기는 모습을 보면 정말 화가 치밀어요. 쌩쌩하게 젊은 애들이 무슨 건강을 그리도 챙기는지 기가 찰 노릇입니다."

그동안 참아왔던 속내가 쉴 새 없이 터져 나오는 것을 보면서 어떤 깨달음이 생겼다. 힘겹게 버텨내서 리더의 자리까지 오른 70년대생이 직면한 세대갈등은 미디어에서 말하듯 단순히 이해하고 받아들여 봉합할 문제가 아니라는 사실이다. 언론은 일반적으로 새로운 세대를 소개하는 위주로 기사를 다루고, 책도 일반적으로 우리가 잘 모르는 세대에 집중해서 출간된다. 그러면서 잊히는 것이 바로 새로운 세대와 함께 일하고 부딪치며 지쳐가는 기성세대이다.

대부분 기성세대가 신세대를 잘 이해하고 맞추는 것이 바람직하다고 말한다. '새로운 세대를 잘 포용하라', '그들이 쓰는 언어와 사고방식을 먼저 배우라'고 강요한다. 신세대를 잘 이해하지 못하는 기성세대를 대놓고 '꼰대'로 불러가며 웃음거리로 만드는 것이 작금의 상황인 것이다.

뛰어나거나 혹은 괴이하거나

"당신에게 '90년대생'이란?"

내친김에 페이스북으로 설문을 진행해봤다. 50명 이상의 지인들이 답을 보내왔다. 먼저 긍정적인 평가부터 나열해보겠다.

- 동시대를 살아가는 후배들입니다.
- 지식인이죠. 우리보다 훨씬요.
- 나의 워너비. 나도 그렇게 살고 싶은데 난 그렇게 못해서…… ㅠㅠ
- 즐길 줄 아는 마음과 여유가 있는 세대죠.
- 제가 경험한 90년대생(스마트폰 세대)은 지식습득이 매우 빠

르고 영리하며 예의도 바릅니다. 다소 개인적인 성향을 보이기는 하나 사회성도 매우 좋고 소위 '일머리'가 훌륭합니다.

· 목표와 방향 설정에 이유를 묻고 의문을 품어요. 그것을 설명하고 일치시키는 데 시간과 소통이 필요해서 좀 피곤하지만 빠르게 받아들여서 좋아요. 함께 달리는 동행들이죠.

· AI

하지만 부정적인 시각이 훨씬 많았다. 문장의 뉘앙스에서 그들이 받는 스트레스 강도까지 느껴질 정도였다.

· 지적수준은 뛰어나지만 낭만이 부족하고 삶이 우리보다 훨씬 치열하지만 열정은 부족하다고 할까.

· 우리 딸 셋…… 징그럽게 말 안 들어.

· 현실과 다르게 꿈만 큰 세대.

· 개인주의 성향이 투철해서 예절교육이 필요한 젊은이들입니다.

· 자기 의사표현에 거리낌이 없죠. "오늘 점심은 혼자 마라탕 먹고 오겠습니다."

· 미미(Me, Me)랜드

· '워라밸'을 추구해야 한다는 강박관념에 사로잡혀 있고, '워'와 '라'의 밸런스를 추구하는 게 아니라 '워' 시간에

'라'만 생각하는 부류가 많음. ㅎㅎ

- 적당하게 거리를 두고 모셔야 하는 분들…… 스트리밍식 습득 지식…… 깊이는??? ^^;;

- 거의 선진국에서 태어난 운 좋은 세대. 그만큼 고생을 모르고 의리와 도리가 부족해서 우리 기준으로 생각하면 ㅠ.ㅠ 세대.

- 얼마 전 100억을 벌겠다는 굳은 신념의 청년이 있었습니다. 어떻게 벌지는 모르겠다고 하더군요.

위의 생생한 피드백을 정리하면 크게 두 가지 부류로 나눠볼 수 있다.

1. '나도 저렇게 생각하고 행동해보고 싶었는데 못했지'라는 부러움과 동경심
2. '지나치게 개인주의여서 한 마디로 대책 없다'는 답답함

여기서 중요한 점은 후자 즉, 개인주의적 성향이라는 평가가 그들과 함께 일하는 기성세대에게 상상 이상의 스트레스를 주고 있다는 사실이다.

신입직원의
특별한 선물

나는 다르다

이시대(가명) 부장은 서비스업에서만 20년을 일한 사람이다. 흔히
한 업종에서 20년차면 '베테랑'으로 불린다. 이 부장은 젊은 시절 미
국까지 가서 공부하고 인턴을 했을 만큼 시대에 걸맞게 진취적이고
깨어 있는 사람이라고 자부한다. 물론 군이 자기 입으로 이 사실을
언급하고 다니지는 않는다. 그렇게 떠들지 않아도 과거 함께 일했
던 사람들은 이 부장을 늘 긍정적으로 평가했기 때문이다. 이 부장
은 무엇보다 일을 결과로 보여주는 사람이다. 그런 이 부장을 무척
당황스럽게 만든 일이 벌어졌다.

평소 비슷한 연차의 부장들이 푸념하듯 불만을 토로했던 90년대
생. 이제 이 부장이 그 90년대생을 신입직원으로 받았다. 이 부장은

그런 푸념을 들을 때마다 왜 그렇게 과민하게 구느냐며 그들을 훈계했었다.

"사람은 다 똑같은 거야. 직장에 들어오면 열심히 일해서 진급하고 자기실현하고 그런 거지. 같은 세대인 너랑 나도 다르듯이 요즘 친구들 우리와는 다를 수밖에 없으니 너무 대놓고 까지 마라. 너만 스트레스 받아."

그렇다. 이시대 부장은 새로운 세대와 일하는 것에 자신 있었다. 하지만 막상 함께 일을 하다 보니 사고나 행동이 기존의 직원과는 좀 다르다는 생각이 들기 시작했다. 뭐랄까, 자기중심적이라고 할까? 혹시 여기저기서 90년대생에 관한 말을 계속 들어서일지도 모른다고 뭐 다 그럴 수 있다고 넘겼다. 안 그래도 이 부장은 워낙 다양한 사람과 사건들을 겪었기에 늘 '모든 일은 가능하다'는 식으로 일해왔다. 누구 험담하는 것도 별로 좋아하지 않는 체질이고 직원 하나 놓고 사소한 언행까지 살피며 평가하고 싶지는 않았다. 처음 일을 시작하는 누구나 다듬어져 있지 않기 때문에 다 실수한다고 너그럽게 보는 것이다.

이 부장은 신입직원이 조직에 잘 적응하도록 일대일 교육을 해야겠다고 생각했다. 당연히 리더의 책무이니까. 시간을 만들어 마주 앉았다. 본인이 이 자리까지 오르며 성공할 수 있었던 노하우와 직장예절을 '아주' 상세하고 친절하게 며칠 동안 안내했다.

신입직원의 자세도 생각보다 나쁘지 않았다. 물론 질문이 별로 없어서 조금 아쉬웠지만 특별히 문제될 것은 없었다. '한국사람 질문 없는 게 뭐 어제오늘 일은 아니니까. 열심히 감동하면서 들었겠지. 베테랑인 내가 얼마나 잘 가르쳤겠나.' 이 부장은 스스로 흐뭇했다. 그리고 교육 마지막 날 리더십 관련 책 한 권을 자비로 사서 신입직원에게 선물했고, 교육은 그렇게 잘 마무리된 듯했다.

다음 날 신입직원이 이 부장에게 다가와 감사하다며 책 한 권과 메모를 건넸다. 이 부장은 다시 한 번 속으로 자기 자신을 칭찬했고, 신입직원이 기특하다는 생각까지 들었다. 문득 이 부장은 얼마 전 관심 있게 읽어봤던 직장 내 세대갈등 보고서가 떠올랐다. '직장인 대부분이 세대차이를 느낀다고 했고, 20~30대 체감도는 각 50퍼센트 내외인 반면 40~50대는 70퍼센트에 가까워 윗세대로 갈수록 커진다고 했는데…… 좀 과장된 보고서 아닌가. 나랑은 전혀 맞지 않으니 말이야. 하하하……'

그런데 이 부장은 신입직원이 선물한 책 제목을 보고는 적잖이 당황할 수밖에 없었다. 전에 말로만 들었던 『90년생이 온다』였다. 90년대생 때문에 머리가 아프다며 넋두리했던 또래 부장들이 언급했던 바로 그 책이었다. '도대체 이 녀석이 왜 나에게 이런 책을 선물한 거지?' 메모는 더 충격적이었다.

"부장님, 제발 좀 저희 세대를 이해해주세요."

충격 받은 이시대 부장과 한 시간 넘게 인터뷰를 했다. 신세대를 맞이한 후 생각지도 않게 전쟁을 치른 이 부장을 보니 마음이 짠했다. 설령 세대차이로 인한 문제가 아니라 해도 한 조직을 이끄는 이 부장의 고단한 삶에 충분히 공감할 수 있었다.

이 부장은 소위 상명하복의 시대를 살아왔지만 고리타분한 전통과 인습을 고집하는 부류의 리더는 결코 아니다. 다시 말해 '꼰대'라고 불릴 이유가 전혀 없는 사람이다. 직원의 성장을 돕기 위해 이런저런 조언을 하는 것이 지금 시대에 맞지 않는 것인가? 직원에게 업무지시만 하고 결과를 기다리는 것이 미덕인가? 무엇을 가르치고 무엇을 가르치지 말아야 하는 것인가? 이런 것들이 바로 현재 70년대생 리더들에게 쓰나미처럼 밀려오는 고민거리다.

많은 미디어가 90년대생의 행동을 연구하며 분석하고 있다. 더 정확히 말하자면 90년대생만 감싼다. 나머지 세대는 그저 그들을 더 공부하고 더 이해하고 더 존중하라고 말한다. 물론 틀린 말은 아니다. 상대적으로 지식과 경험이 풍부한 기성세대가 새로운 세대를 이해하는 것이 더 빠르다. 하지만 이렇게 기성세대에게만 짐을 지우는 상황이 언제나 합리적인 것인지 함께 고민할 문제다. 무조건 이해하라고 강요하는 것 자체가 새로운 세대는 모두 옳다는 잘못된 인식을 심어줄 수도 있다.

어느 회사든 '고충함'이 있다. 상사의 언행에 문제가 있다면 즉시 고발하라고 제도까지 만들어놓은 시대다. 이 고충함에 진정 고충만 들어 있을까? 그저 자기 마음에 들지 않는 사람들 이름만 쏙 뽑아 넣어 두지는 않았나?

모두에게 불리한 게임

이런 직장 분위기는 궁극적으로 어떤 손실을 가져올까? '살아 있는 후배교육'을 포기하면 기업에 어떤 영향을 미칠까? 몇 가지를 점검해보자.

고참의 경험담은 '라떼'로 평가절하되어 이젠 말해서는 안 될 금기가 되었다. 많은 70년대생 리더들이 이젠 무슨 말이든 입을 열기가 겁난다고 하소연한다. 목구멍까지 잔소리가 차올라도 과연 어떤 반응, 어떤 표정으로 되돌아올지 두려워 멈춘다고 한다. 물론 여기서 분명한 건 하나 있다. 무용담처럼, 공치사처럼 빈번히 언급되는 '라떼'는 공감대를 형성하지 못하기에 기성세대도 반성할 필요는 있다. 솔직히 후배들에게 경험담을 이야기하다 보면 본의 아니게 드라마를 연출하게 된다. 하지만 이런 말과 행동은 존중받고 싶은 인간의 본성에 기인한 것임을 알아야 한다. 지금의 90년대생이 그 자리에 가면 역시 반복될 것임에 틀림없다. 얼마 전 친한 후배와 대화를 하다가 재미난 이야기를 들었다.

"90년생 회사 후배 일인데요, 평소 또래들끼리 모여 자기 부서 임원을 꼰대라며 그렇게 뒷담화를 했거든요. 그런데 어느 날 복도를 지나다 보니 새로 들어온 후배에게 자기 무용담을 늘어놓고 있는 거 아니겠어요. 얼마나 웃음이 나오던지. 90년생이 벌써 꼰대가 됐지 뭐예요."

'라떼'는 후배들에게 잘 전달되면 '치트 키(Cheat Key)'가 될 수 있다. 하늘 아래 새로운 일은 없다는 말처럼 조직에서 일어나는 일의 상당 부분은 끝없이 반복되는 것들이다. 그렇기에 선배의 '라떼'는 후배의 아까운 시간을 절약해 생산성을 올려줄 수 있는 치트 키인 셈이다. 동일한 시행착오를 하지 않는 것 그리고 효율적인 방법을 전수받는 것은 생산성과 직결된다는 사실을 조직생활을 해본 사람이라면 모두 공감한다.

자신의 노하우를 전달하지 않는 것은 어떻게 보면 직무유기다. 나의 소중한 경험이 잘 전달되기를 진정 원한다면 지금부터 방식을 바꿔 접근할 필요가 있다. 이때 주의할 것은 나중에 더 자세하게 다루겠지만 '표현방식'이다. 아무리 소중한 경험이라 해도 요령 없이 마구잡이로 공유해서는 효과가 없다. 마냥 조언만 늘어놓기 시작하면 신세대는 '쉴드(방패)'를 칠 것이다.

내가 비슷한 경험이 있는데 한번 들어보지 않겠냐고 먼저 동의를 구하는 방법이 좋다. 매너를 갖춘 코칭형 멘트에는 누구든 자연스럽게 공감한다. 그리고 '팩트' 위주로 '기름끼'를 쏙 빼서 이야기를 전달하는 게 바람직하다. 검색과 논리로 무장한 신세대에게 눈물 젖은 감성 '라떼'는 그다지 매력적이지 않다.

이제껏 없었던 새로운 세대가 조직으로 속속 집결하고 있다. 조직의 화합과 생산성을 원한다면 함께 일하는 사람에 대한 이해는 기본이다. 90년대생 역시 앞으로 조직을 이끌어갈 미래 리더들이므로 잘 공감하도록 교육시켜야 한다. 서로의 문화와 차이를 수용하는 예의 바르고 성숙한 구성원으로 당당히 성장할 수 있도록 말이다.

공부합시다,
그렇다고 오해하진 말고

아무튼 90년대생

요즘 기업의 이슈는 여전히 '90년대생', '세대갈등'이다. 90년대생을 소재로 다룬 책은 이미 무수히 출판되었다. 당사자인 90년대생도 도대체 자신들에 대해 무슨 말들을 하고 있는지 궁금해 책을 사보고 있다고 한다. 신구 세대 간 소통을 돕기 위해 대통령까지 나서 청와대 직원들에게 관련 책을 선물해 큰 화제가 되기도 했다.

이미 2~3년 전부터 이슈였는데 뭐 그렇게 새삼스럽게 난리인가 싶은 사람도 있을 것이다. 그도 그럴 것이 한국사회에서 몇 년씩 오래가는 이슈가 있었던가? 전 세계에서 한국만큼 빠르게 변하는 나라가 없고 이슈마저 마찬가지로 빠르게 변하지 않던가?

세대갈등이 오랫동안 중요한 이슈로 남은 이유는 그것이 더욱 심각해지고 있기 때문이다. 직원과 겪는 갈등과 스트레스를 호소하는 리더들이 점점 많아지는 것이 그 방증이다. 조직의 리더가 그저 이 친구만의 문제이겠거니 혹은 성격 때문이겠거니 하면서 그냥 넘어가던 방식이 한계에 봉착한 것이다.

아래 인터뷰는 90년대생과 함께 일하는 지인이 털어놓은 고민이다.

김고민(가명) 부장: 박 대표님, 최근에 신세대를 다룬 책을 여러 권 읽어봤습니다. 새로 입사한 직원이 있는데 사실 일하는 방식이 맘에 들지 않던 차였습니다. 전 그저 '일 못하는 신입'이라고만 생각했습니다. 그런데 여기저기서 세대 관련 얘기가 나오고 마침 이 친구도 90년대생이어서 꼼꼼히 읽어봤습니다. 확실히 다르다는 것은 이해하겠습니다. 근데 '다르다'는 점만 안다고 해서 조직이 문제없이 돌아가는 건 아니잖아요. 어쨌든 계속해서 90년대생이 들어오고 있어서 그들의 생각과 행동 패턴을 이해한 인사조직스킬, 근무환경 등을 준비해야 하는데, 이게 참 어렵습니다. 어떻게 하면 좋을까요?

필자: 대답에 앞서 우리 자신에게 던져봐야 할 질문이 하나 있습니다. 혹시 부장님 마음속에 90년대생이 버릇없고 자기만 아는 철부지라는 부정적 생각이 있지 않은가요? 우리가 누군가를 대할 때 부정적 선입관을 가지고 있다면 답은 거의 뻔하니까요.

김고민 부장: 네…… 사실 결론을 이미 내린 상태이긴 합니다.

필자: 충분히 이해합니다. 너무나 많은 분들이 선입관을 가지고 계십니다. 결론을 이미 낸 채 적당한 선에서 업무를 주고받는다는 전략을 갖고 있더라고요. 물론 그중에서 똑똑하고 태도 좋은 친구가 있으면 그쪽으로 일을 많이 주고요. 맞죠?

김고민 부장: 부끄럽긴 하지만 맞습니다. 성과가 나오려면 '케미'가 맞아야 되는 거잖아요?

필자: 부장님 말씀에 좀 복잡하게 답해보겠습니다. 한 방에 명쾌한 답을 내리는 것은 저도 쉽지 않습니다. 인간의 사고 메커니즘이 원시시대부터 바뀐 적이 없다는 어느 뇌 과학자의 연구가 있습니다. 인류가 연약했던 시절에는 생존 자체가 가장 시급한 문제였습니다. 풀숲이 조금만 움직여도 무서웠고 빛이 없는 밤은 두려움 그 자체였습니다. 강한 육식동물을 피해 다녀야 했죠. '불확실성'이 너무나 많은 상황에서 뇌는 점점 '확실성'을 찾아 지금까지 진화해왔다고 합니다. 확실한 생존에 대한 욕구가 행동의 전반을 지배한다는 것이죠. 생존 자체의 욕구가 많이 해결된 지금은 나를 표현하고 존중받고 싶은 욕구가 강한 게 사실입니다. 사실 90년대생이 가진 근본적 욕구가 우리와 뭐가 다를까요? 달라진 것이 있다면 자신의 욕구와 감정을 더 많이 솔직하게 표현하며 산다는 것뿐입니다. 자기의 생각을 계속 표현하다 보니 자기중심적이다, 이기적이다, 라는 말이 나오기 쉽죠. 그리고 사회는 점차 자기 몫을

찾으라고, 부당한 것에 문제를 제기하라고 말합니다. 90년대생은 이런 분위기 속에서 학창시절을 보냈고 사회에 진출하기 시작한 것입니다. 자신의 욕구를 표현하는 것을 버릇없는 이기적인 행동이라고 말하면 그들도 역시 억울해합니다. 우리는 어땠습니까? 그들이 느끼는 감정을 우리도 동일하게 지니고 있었습니다. 문제는 이런 표현을 하지 못하도록 막은 사회적 분위기 즉, 통제하고 억압하던 분위기였지요. 유교적인 전통도 한몫했습니다. 우리도 표현하고 싶었던 것은 마찬가지였습니다. 세월이 흘러 지금 시대는 자꾸 표현하라고 합니다. 부당한 대우를 신고하라고 합니다. 기성세대 리더가 지금 해야 할 일은 혹시 우리가 신세대 부하직원을 오해하고 있는 건 아닌지, 점검해봐야 하는 것입니다.

인내심 장착 요망

요즘 조직은 유연성을 높이기 위해 대개 '팀제'를 운영한다. 안 그래도 적은 인원에서 한두 명을 이런저런 이유로 포기하면 리더는 스스로 짐을 떠안게 된다. 수백 명 수천 명 조직에서 한두 명은 큰 부담이 아니지만 작은 조직에서는 전혀 다른 이야기다.

우리 팀에 막 합류한 신세대 신입직원을 인터넷에서 대충 훑어보고 다 이해할 수는 없다. 한평생 같이 산 배우자도 입버릇처럼 '도저히 이해가 안 된다'고 하지 않던가! 물론 푸념으로 내뱉는 말이지만 상대방 입장에서 아무리 말해도 고쳐지지 않으니 이해가 안 간다는 말도 맞다. 서로 이해하려고 노력조차 하지 않으면 결국 당사자들은 평행선처럼 영영 만나지 못하는 사이가 되는 것이다.

조직에 새로 합류한 신세대에게 '해보지 않은 것은 어렵고, 가보지 않은 길은 두렵다'는 진부한 조언을 늘어놓기 전에 스스로 먼저 공부해야 한다. 시행착오가 있겠지만 포기하지 말고 인내심을 장착해야 한다.

이런 의미에서 미국과 일본에서 90년대생을 비롯한 '밀레니얼 세대(1980~2000년 초 태생)'를 분석한 내용은 공부에 참고가 될 것이다. 먼저 미국의 테드(TED) 명강사 사이먼 사이넥(Simon Sinek)이 발표한 밀레니얼 세대가 성장한 환경과 특징을 정리하고, 나름 한 줄 평을 달아봤다. 한국의 90년대생에게도 충분히 그대로 적용될 수 있는 내용들이다.

1 | **실패한 양육전략** Failed Parenting Strategy

- 자녀가 기죽지 않도록 항상 자녀에게 '너희들은 특별해, 너희들이 원하는 건 무엇이든 될 수 있어'라며 근자감(근거 없는 자신감)만 불어넣는다.
- 부모가 학교 성적에 깊숙이 관여하고 학교는 상을 남발하여 상의 가치를 떨어뜨린다. 어느 과학자의 연구에 의하면 억지로 받은 의미 없는 상(예, 참석상)은 오히려 기분을 상하

게 만든다고 한다.

- 이렇게 자란 세대가 현실 회사에 들어오면 부모의 말과 달리 자신이 특별하지 않다는 걸 깨닫게 되고 부모도 더 이상 진급에 도움을 줄 수 없게 된다.
- 결국 내가 원한다고 해서 그냥 얻어지는 건 없다는 현실을 자각하게 된다.

〈한 줄 평〉 자존감만 떨어지는 피곤한 현실 세계에 온 것을 환영합니다!

2 | 기술 Technology

- 실제로는 해답이 없고 우울한 삶을 살지만 SNS 세상은 모두 긍정적이고 기분이 좋아 보인다.
- 술을 마시거나 담배를 피우거나 도박할 때 나오는 도파민이 SNS에서도 나온다.
- SNS 때문에 실재하는 인간관계를 연습하지 못한다. 스트레스를 받으면 직접 해결하지 않고 다시 좋은 세상만 보여주는 SNS로 돌아간다.
- 친구와 식사를 해도 회사에서 미팅을 해도 스마트폰만 보고 있다. 이미 중독된 상태다. 이런 중독은 인간관계를 위기로 내몬다.

〈한 줄 평〉 뭐든 '적당히'가 제일 어렵다. 룰을 만들어야 하지 않을까!

3 | **조급함** Impatience

- '즉각적인 만족감(Instant Gratification)'을 추구한다. 그만큼 내가 원하는 것을 즉각적으로 얻을 수 있는 사회구조 속에 살고 있기 때문이다. 디바이스를 통해 원하는 것을 즉각 구매하고 원하는 드라마 시리즈를 보고 게다가 기다릴 필요 없이 원하는 부분만 찾아 볼 수 있다.
- '직업만족도(Job Satisfaction)', '인간관계의 견고함(Strength of Relationship)'처럼 느리고 힘든 과정을 거쳐야 하는 것에 특히 약하다. 똑똑하고 성실하다는 평을 받는 한 친구가 입사한 지 8개월 만에 자신은 회사에서 목소리를 내지 못한다며 퇴직을 고민한다.
- 한 마디로 신세대는 직업이나 관계에서 진정한 즐거움이나 성취감을 못 느낀다.

〈한 줄 평〉 익지도 않은 열매가 떨어지는구나!

이웃나라 일본의 기성세대는 신세대 직원을 어떻게 보고 있을까? 사원육성 가이드라인을 제공하는 업체 윌 시드(Will Seed)는 '유토리(여유)' 세대로 불리는 신입직원의 특징을 다음과 같이 정리했다. 아래 내용은 2016년 5월 11일자 《헤럴드 경제》 「메이드 인 재팬 제국의 몰락」 기사를 참조했다.

1. 시키는 것 외에 할 줄 아는 것이 없다.
2. 설명이나 답변을 즉시 해줘야 한다.
3. 상사와의 술자리를 단호히 거절한다.
4. 주의를 주면 금방 풀이 죽는다.

일본은 미국보다 더 부정적으로 신입직원을 보고 있는 것 같다.

이제 더 이상 감성에 호소하는 방식은 논리로 무장한 90년대생에게 통하지 않는다. 이것은 90년대생이 단순히 감정 없는 세대라는 뜻이 아니다. 본인의 가치를 실현하고 존중받기 위한 사고의 방향이 다른 것이다. 우리가 선배들에게 왜 우리를 못 믿느냐며 속으로 외쳤던 것처럼 우리가 그들을 믿어야 할지 모른다. 이쯤 되면 기업은 조직의 성장과 융합을 위해 특별히 세대전문가를 고용해야 하지 않을까. 분명 남는 장사가 될 것이다.

36.5도.

이 온도의 의미를 우리는 잘 안다.

넘거나 떨어져선 안 되는 정상체온.

하지만 직장에서는 정상체온을 넘게

만드는 일들이 끊임없이 일어난다.

리더라면 항상 체온계를 몸에 지니고 다니기를

권한다. 36.5도를 넘어서면 즉시 직원에게서

멀찌감치 떨어져야 한다.

그리고 건강검진을 받기 바란다.

냉정과 열정 사이

Chapter 2

'_X세대_'는
어디서 무엇을 하고 있나?

'_X세대_'는 신조어?

90년대생의 말을 이해하기 위해 통역사가 필요하다는 말이 심심찮게 나온다. 축약이 너무 심하고 그 축약도 추측이 어려울 정도라는 것이다. 예를 들면 '답정너'는 '답은 정해져 있고, 너는 대답만 하면 돼'를 줄여 이르는 말이란다. 이런 알아듣지 못할 외계어 같은 말들 때문에 수시로 인터넷 검색을 해야 할 지경이다. 이런 말들이 공식 업무미팅에서도 자연스럽게 나오는 것은 문제가 좀 있지 않나 싶다. 신세대 본인들에게는 자연스러운 말이니 모두가 알고 있다고 생각하기 쉽지만 이 때문에 상사들은 난처해질 때가 한두 번이 아니다. 언어는 소통의 도구 아닌가!

반대로 90년대생에게 들려주면 너무나 생소하고 절대로 믿지 못

70년대생이 대학생활을 할 때는 독재, 민주화, 운동권 같은 표현들이 점점 희미해졌다. 대신 취향과 개성을 마음껏 표현하는 문화로 서서히 바뀌어갔다. 일부 외국계 회사에서는 여름철에 반바지를 입고 샌들을 신고 출근하는 모습이 나타나기도 했다. 물론 당시 기성세대는 전혀 반기는 표정이 아니었다.

할 표현이 있다. 'X세대', '오렌지족', '야타족' 같은 단어들이다. 70
년대생은 베이비붐 세대의 눈에는 상당히 이상한 세대로 보였는
데 제대로 정의할 용어가 없어서 'X세대'라고 불렸다. 참고로 이
말은 캐나다 작가 더글러스 커플랜드(Douglas Coupland)의 소설
『Generation X』에서 비롯됐다. 아마도 이 책을 읽는 90년대생은
"설마 저희 꼰대 부장이요?"라고 되물을 것이다. 그렇다. 기득권 세
대로서 항상 조직에 순응하고 에스맨을 자처하는 그들이 바로 20여
년 전에는 별종, 외계인, 조직 부적응자로 불리던 X세대였다. 이제
좀 안타깝다는 생각이 드는가? 동정심이 생기는가? 혹은 왜 우리를
이해 못하는 이상하게 꼬인 세대로 전락했을까, 의문이 드는가?

　최근 한 기업에서 마케팅을 책임지고 있는 오해영(가명) 이사와
세대갈등을 주제로 대화한 적이 있다. 오 이사는 새로 들어온 직원
의 행동을 도저히 이해할 수 없다고 하소연했다. 주말에는 절대로
회사 메일을 보지 않는다 말하고, 회사가 원하는 근무복장이 아닌
좀 심한 캐주얼 복장으로 출근을 하고, 근무시간에 자주 타 부서 직
원들과 잡담하는 모습이 발견된다는 것이다. 이외에도 오 이사의
불만은 셀 수 없이 많았는데 그야말로 폭발 직전이었다. 일단 90년
대생을 오해하지 말자는 주제로 매체에 기고했던 칼럼을 건넸고,
주말 지나서 다시 대화하자고 청했다. 감정이 격한 상태에서는 코
칭이 쉽지 않기 때문이었다.
　월요일에 전화가 왔고 오 이사는 칼럼을 읽으며 주말 동안 많은

생각을 하게 됐다고 말했다. 그러고는 결론처럼 한 마디를 툭 던졌다. "곰곰 돌아보니 20년 전에는 제가 선배들에게 지금의 90년대생과 같았네요." 우리 둘은 크게 웃었다.

오 이사는 자신도 신입직원일 때 찢어진 청바지를 입고 출근했다고 고백했다. 선배들이 봤을 때 엄청난 충격으로 다가왔을 것이다. 안 그래도 당시 X세대와 구세대의 충돌이 곳곳에서 생겨났고, 대대적으로 세대갈등 기사가 나오기 시작했다.

70년대생이 대학생활을 할 때는 독재, 민주화, 운동권 같은 표현들이 점점 희미해졌다. 대신 취향과 개성을 마음껏 표현하는 문화로 서서히 바뀌어갔다. 일부 외국계 회사에서는 여름철에 반바지를 입고 샌들을 신고 출근하는 모습이 나타나기도 했다. 물론 당시 기성세대는 전혀 반기는 표정이 아니었다.

코칭 겸 대화를 하고 난 후 오 이사는 신입직원들에게 마음의 문을 열기 시작했다. 서로 터놓고 대화를 하며 서로를 알아가다 보니 오히려 직원의 입에서 "저도 그렇게 나쁜 놈은 아닙니다"라는 말이 나왔다고 했다. 이 정도까지 이야기가 진행되었다면 관계는 훨씬 빠르게 좋아질 것이다. 너무나 기쁜 소식이었고 무엇보다 먼저 자신을 내려놓고 신입직원에게 다가간 X세대 리더 오해영 이사에게 박수를 보낸다.

격동과 순응의 역사

70년대생이 사회에 진출할 무렵 그들이 바뀔 수밖에 없었던 큰 사건이 터진다. 지금 세대는 말로만 들었을 'IMF(국제통화기금) 구제금융' 사건이다. 국가부도를 막기 위해 IMF 측에서 요구하는 조건을 무조건 받아들이면서 한국의 기업들은 지독한 구조조정의 소용돌이로 빠져들었다. 전대미문의 사건을 맞이하며 조직에 합류한 신세대들은 행동까지 구조조정하기 시작했다. 어설프게 행동하면 조직에서 바로 정리될 수 있겠다는 생각을 하게 되었고, 조직형 인간으로 순응하기 시작했다. X세대로 불리며 사회적 이슈가 되었던 70년대생들은 그렇게 빠르게 기성세대로 변모해갔던 것이다.

당시 잘 나가던 나이키코리아도 격랑을 피해갈 수 없었다. 재고 걱정 없이 고가의 제품도 잘 팔던 회사에 재고가 쌓이기 시작했다. 사내에서는 미국본사가 한국을 포기할 수도 있다는 말까지 나돌았다. 가장 충격적인 사건은 미국본사에서 파견 나왔던 십여 명의 외국 임직원들이 일시에 해고되어 사라진 것이었다. 일반적으로 본사에서 파견하는 직원(기업용어로는 '엑스팻'이라고 부른다)은 고용비용이 일반직원의 2~3배가 되기에 그들을 해고시키는 것이 비용을 절감하는 가장 효율적인 방법이다. 그들은 인사도 없이 부랴부랴 짐을 챙겨 한국을 떠났는데, 지금도 무척이나 안타깝고 미안한 순간으로 떠오른다.

그 다음은 국내 임직원들 차례였다. 회사는 해고자 기준을 발표

하고 정리해고에 돌입했다. 안타깝게도 같은 팀에서 일했던 여자 대리 한 명이 해고되고 말았다. 소문으로는 직장에 다니는 남편이 있기 때문이라고 했다. 말이 되지 않는 이유였지만 남은 자들은 생존을 위해 침묵할 수밖에 없었다.

국민들은 국가를 위기에서 구하기 위해 가지고 있던 금을 팔기 시작했다. 저마다 급여보다 많은 금액의 금을 팔았고, 집값은 바닥을 모를 정도로 곤두박질쳤다. 모든 것이 비정상이었고 엉망이었다. 나약한 개개인이 감당할 수 없는 큰 혼돈 속에서 모두 큰 흐름을 따를 수밖에 없었다. 생존을 위해 내가 가진 생각보다는 조직의 판단과 결정에 촉각을 세우고 따르게 된 것이다.

이처럼 사회생활 초기부터 눈치를 보며 순응할 수밖에 없었던 세대가 바로 70년대생이다. 자신이 가지고 있던 자유롭고 창의적인 생각을 회사 책상 한 편에 고이 넣어둔 채 살아온 세월이 적게는 15년에서 20년이 넘는다. 드라마 〈응답하라 1994〉 속 대사에 이런 내용이 잘 담겨 있다.

"가족의 반대를 무릅쓰고 환경을 이겨내 마침내 이뤄낸 꿈이란 폼 나는 법이다. 대부분의 우린 내가 사랑하는 이들을 차마 밟고 넘어설 수 없어 끝끝내 스스로 꿈을 내려놓고 만다. 하지만 괜찮다. 얼마 되지도 않는 드라마틱한 성공담 따위에 기죽어 스스로 좌절과 패배감에 휩싸일 필요는 없다. 우리에겐 꿈만큼이나 사랑도 소중했을 뿐이다. 내가 사랑하는 사람을 위해 나를 바꾸는 결단, 꽤 괜찮고

폼 나는 일이다."

지금도 콧등이 찡해오는 대사다. 내가 가진 모든 것을 내어놓아야만 했던 아픔을 90년대생은 공감할 수 없을 것이다. 물론 요즘 취업이 얼마나 어려운 줄 아느냐는 90년대생의 피 끓는 항변도 귓가를 때린다. 미안하고 아프다.

노랑머리에 찢어진 청바지

본의 아니게 '꼰대'란 이름으로 불리게 된 현재의 X세대들. 자신의 10~20년 선배들을 이해할 수 없다며 고개 젓던 때를 한번 돌이켜보자. 지금 세대가 그다지 별종이 아니라는 걸 알게 될 것이다. 굳이 멀리서 해결책을 찾을 필요가 없다. 상대에게만 변화를 요구할 때 인간관계의 갈등은 커진다. 오해가 동반되어 골이 더욱 깊어지는 것이다.

이제 새롭게 대화의 방식을 점검하고 수용하는 자세를 가다듬어보면 어떨까. 이는 단순히 어느 한 세대의 방식만을 절대적으로 받아들이자는 주문이 아니다. 서로에게 익숙한 대화방식을 적절히 교차하며 활용하면 분명 도움이 될 것이다.

2019년 《대학내일》이 직장에서 선호하는 대화방식을 조사했는데, 세대별로 달랐다. 70년대생은 직접 얼굴을 보고 목소리를 들을 수 있는 방식을 선호했다. 좋은 예가 있다. 아디다스코리아는 새로운 변화를 추구하기 위해 고정자리를 없앴다. 그런 뒤 리더들이 겪었던 가장 큰 어려움은 직원들이 눈앞에 보이지 않게 되었다는 것이다. 얼굴을 봐야 일을 진행할 수 있었던 시대에 너무나 익숙한 세대는 직원이 안 보이는 것이 불안했다. 한편 90년대생 직원들은 마음껏 자유를 즐기는 모습을 볼 수 있었다. 가장 맘에 드는 자리를 고르기 위해 작은 경쟁도 있었다. 하지만 자신의 직속상사 곁에 앉겠다는 선택은 어디에도 없었다.

90년대생은 이미 친한 친구들조차 SNS를 통해서 만나는 것이 이상하지 않은 세대이다. 자신의 일상을 여러 채널을 통해 실시간으로 공유하고, 친구들은 그걸 보면서 곁에 있는 듯 살아간다. 이들은 직장생활 역시 이런 익숙한 문화 속에서 하고 싶은 것이다. 업무지시나 보고를 카카오톡이나 메신저를 통해 하는 편이 훨씬 정확하고 편하다고 생각한다. 사실 구두로 오가는 것보다 내용이 명확하게 기록으로 남기 때문에 그 생각이 잘못된 것은 아니다. 70년대생 리더들도 충분히 시대의 변화를 잘 이해하고 수용할 수 있는 자질과 능력이 있다. 허심탄회하게 토론해서 적절한 대화 방식과 매너를 정한다면 불편함이 완화될 것이다.

이 글을 읽는 지금 불편한 관계에 있는 직원이 떠오르는가? 출근하면 잠시 숨을 깊게 들이마시고 90년대생 직원의 이름을 하나하나 불러보며 대화를 시작해보자. 오해를 접어두고 감정을 누그러뜨리면 20여 년 전 노랑머리에 찢어진 청바지를 입고 출근했던 내가 보일 것이다. 남을 이해하기가 뭐 그리 어려운가? 그냥 대입해보면 될 일을. 중고교 시절 수학선생님이 우리에게 귀에 딱지가 앉을 정도로 무수히 했던 말처럼.

　"자, 이제 X, Y, Z에 각각 구한 값을 대입해보면…… 답이 나오지! 참 쉽다 그치?"

본의 아니게 악당이
돼버린 당신

나는 내 죄를 모른다

미국 시카고를 주 무대로 삼았던 전설의 갱단두목 알 카포네(Al Capone). 수많은 죄목으로 법정에 섰지만 자신의 죄를 결코 인정하지 않았다. "내가 평생을 바쳐 사람들을 돕고 서로 잘 지내기 위해 노력했는데, 남은 것은 겨우 세상의 비난과 범죄자라는 낙인뿐인가!" 본인은 자랑스러운 미국시민이자 자선사업가라고 믿었다는 것이다. 하지만 그는 반대파인 아일랜드계 조폭 조직원을 기관총으로 난사한 '밸런타인데이의 학살'을 비롯해 수많은 사람을 죽였다. 엄연히 갱단두목이며 밀주 주조와 유통, 불법도박, 살인을 자행하던 범죄자였던 것이다. 그럼에도 그는 미국에서 연수입이 가장 많은 사람으로 선정되기도 했고, 시카고 젊은 층에게 존경의 대상이 되기까지 했으니 참으로 아이러니하다.

이처럼 대부분의 범죄자는 특히 흉악범일수록 자신의 잘못을 인정하지 않는다고 한다. 영화 〈쇼생크 탈출〉 속 대화 중에 '교도소에 있는 사람 치고 무죄가 아닌 사람은 없다'는 농담까지 있다. 큰 범죄를 저지른 사람 치고 세상에 시원스럽게 자신의 죄를 인정하는 사람을 거의 보지 못했다.

때로는 극약처방도 필요하기에 위에서 범죄를 예로 든 것은 양해 바란다. 당연히 너무 지나치다고 생각할 수 있다. 하지만 우리 주변에는 시대가 바뀌어도 유독 사람을 괴롭히는 '악당' 상사가 여전히 존재한다. 자기중심적이어서 자기 말은 무조건 진리라고 믿으며 함부로 직원을 대하는 상사들 말이다. 물론 전에 없던 최강의 신세대 90년대생의 출현으로 이런 현상이 상대적으로 도드라지고 있는 것도 사실이다. 하지만 세대갈등과는 관계없이 반드시 자기반성이 필요한 부분이라는 점을 알았으면 한다.

인사부장: 이사님, 어제 제가 메일로 드렸던 다면평가결과 자료 읽어보셨죠?

박희대(가명) 이사: 아…… 바빠서 아직 자세히 못 봤습니다.

인사부장: 그러시죠. 요즘 특히 많이 바쁘신 거 같더라고요.

박희대 이사: 뭐 특별한 내용은 없을 것 같은데…… 이왕 얼굴 봤으니 직접 피드백을 주셔도 좋습니다.

인사부장: 네, 평가의 핵심을 요약하면 이렇습니다. 이사님에

대해 좋은 평가도 분명 있지만 상당수 직원들이 이사님과 일하는 게 매우 힘들다고 나왔습니다. 특히 소통이 너무 어렵다고 합니다. 젊은 직원들은 자신의 의견이 전혀 반영되지 않는다고 피드백을 했습니다. 혹시 어떤 이유인지 짐작이 가시나요?

박희대 이사: 네??? 무슨 소린지 전혀 이해가 안 갑니다. 제가 직원들의 의견을 얼마나 귀 기울여 듣는데요. 심지어 제가 할 말을 다 못할 지경인데요. 그리고 얼마나 인격적으로 대하고 성장을 위해서 물심양면 도움을 주는데…… 생각해보십시오. 제가 제 맘대로 부서를 운영하고 직원을 무시했다면 이렇게 좋은 성과가 나왔겠습니까?

인사부장: 그럼요. 박 이사님 부서 실적은 탁월하죠.

박희대 이사: 도대체 어떤 친구들이 그런 얘기를 하는지 자료 좀 줘보세요.

인사부장: 이사님 그건 좀……

　박희대 이사는 과거부터 지금까지 승승장구해서 임원까지 올라온 입지전적 인물이다. 그런데 인사부장으로부터 날벼락 같은 평가를 들었다. 물론 희대의 악인 알 카포네 같은 흉악범에 비유할 것은 아니다. 하지만 모든 사람들이 문제가 있다고 지적하는 것을 자신은 절대 인정하지 않는다는 점은 비슷하다.

　박 이사는 왜 자신에게 돌아오는 평가를 받아들이지 못하는 것일까? 박 이사가 정신적으로 심각한 문제가 있어 그럴까? 아마도 여러분이 일하는 조직에서도 비슷한 예를 찾아볼 수 있을 것이다. 모두가 함께 일하는 것이 힘들다고 해도 결코 행동을 바꾸지 않는 리더들 말이다. 이들은 오히려 다른 이들이 나약하고 충성심이 없고 직업정신이 부족하다고 비난한다. 참으로 궁금하다. 무엇이 이들의 믿음을 견고하게 만들었을까? 그것은 바로 자신이 성장하면서 만들어온 그릇된 신념 때문이다.

치명적 버그

열심히 일하지 않는 직원은 없다. 직장생활을 막 시작하던 27년 전에는 소위 '농땡이'를 치기도 했다. 조직의 시스템이나 프로세스가 다소 느슨했고 업무평가 시스템도 정교하지 못했다. 그렇다고 고의적인 태만이 있었다는 것은 아니다. 세월은 변했고 군데군데 느슨했던 곳들이 상당히 조여졌다. 마침 '워라밸'의 시대도 시작됐고 업무의 효율성을 더욱 높여야 하는 사명까지 부여받았다. 박희대 이사는 오늘 하루도 정신없이 미팅, 점검, 피드백, 실행을 반복하며 보내고 있을 것이다. 문득 정신을 차리면 이미 시계는 퇴근 시간을 향해 가고 있을 것이다. 바로 이런 하루가 스스로를 아무 문제없고 성실하다고 인정하게 만든다. 눈코 뜰 새 없이 일만 한 내게 무슨 죄가 있단 말인가?

이러니 부정평가는 절대 용납되지 않는다. 리더의 자리를 꿰찬 사람들은 더욱 그럴 수밖에 없다. 조직의 시간은 누구에게나 공평하게 빠른 속도로 지나간다. 그 사이 조직은 인사평가라는 이름으로 피드백을 진행한다. 회사에서 피드백을 받아본 사람은 모두 공감하겠지만 인사고과 시즌이라고 해서 시간이 남아돌지는 않는다. 특히 많은 직원을 거느린 리더라면 이 시즌은 더욱 죽을 맛이다. 일일이 꼼꼼하게 피드백 주기가 벅차다. 희미한 기억을 바탕으로 마음에 드는 직원, 안 드는 직원을 머릿속으로 나눈다. 그리고 평가항목에 그 결과값을 애써 끼워 맞추기 시작한다. 실시간 피드백의 부재 혹은 무성의한 피드백은 사람의 행동을 정확히 진단하지 못한다. 우리 정서상 아무리 부하직원이라 해도 모진 말을 하기도 쉽지 않다.

제대로 된 점검 없이 세월은 흐르고 어느새 자신의 행동과 동기 모두 큰 문제가 없는 것으로 받아들인다. 어느 시점을 넘어서면 조직이 발행한 면죄부를 손에 쥔다. 그 시점에서 당신이 문제가 있는지 없는지 묻는 말은 가당치 않은 일이다. 더 나아가 업무성과가 좋은 리더의 경우는 외부로부터의 부정평가에 철옹성을 쌓게 된다. 조직이 방관할수록 그런 신념은 더욱 견고해진다.

문제는 이런 신념이 자신을 포함해서 함께 일하는 모든 이들에게 치명적인 타격을 줄 수 있다는 사실이다. 즉, 장기적 관점에서 회사는 큰 손실을 입게 되는 것이다.

다면평가결과가 부정적으로 나오면 자신의 모든 가치관이 흔들리기 시작한다. 갑자기 망치로 얻어맞은 기분이 되고 곧이어 분노가 일어난다. 그래서 기업에 따라서는 다면평가를 끝내 거부하는 임원도 있다. 분노는 직원들에게 알게 모르게 옮아간다. 나에게 '이 따위' 평가를 한 사람을 색출하기 시작한다. 조금만 내 의견에 반해도 저 직원 아닌가? 하는 생각을 지울 길이 없다. 의심은 불신으로 이어진다. 어떻게 복수할까? 의심 가는 직원을 괴롭힐 방법은 없을까? 치열하게 연구한다. 이렇게 한눈팔게 되면 자신도 모르게 해서는 안 될 말들이 나온다. 무심코 자신이 느꼈던 실망감을 표출하게 되는 것이다. 직원들도 불편함을 감출 길이 없어 하소연할 데를 찾는다. 회사가 절대 비밀을 보장한다고 하지만 그 말까지 의심하게 된다.

이런 일들이 반복되면 조직은 흔들린다. 사람이 들고 나기 시작한다. 하지만 빈자리가 채워지면 잊히고 또 반복된다. 그 사이 조직의 보이지 않는 손실은 전혀 계산되지 않는다. 조직은 서서히 파괴된다. 불필요한 의심과 복수심이 나날이 조직을 좀먹는 것이다.

이 책을 읽는 모든 리더에게 부탁한다. 분명 뛰어난 분들도 있겠지만 다음의 제언을 숙고해서 더욱 존경받는 리더가 되기를 바란다. 앞에서도 강조했지만 이것은 비단 세대갈등 해결 차원에서 조언하는 것이 아니다.

1. 나의 성과나 현재의 지위가 전적으로 나의 역량 때문인 것은 아니다.
2. 내가 성과를 낼 수 있었던 이유는 그것을 가능하게 해준 다

른 이들이 있었기 때문이다.

3. 나의 현재 위치에 감사하고 함께해준 그들에게 감사의 마음을 수시로 표현하라.

4. 그들을 어떻게 나의 위치로 끌어올릴 수 있을지 고민하라.

5. 자리를 끝까지 지키려고 몸부림치지 마라. 이 자리는 잠시 임대한 것이다. 임원은 '임시직원'의 약자이다.

6. 끝없이 유지할 수 있을 것이라는 그릇된 신념이 얼마나 많은 이들에게 상처를 주었는지 돌아보라. 퇴사 이후에도 멀리서 기꺼이 나를 찾아오는 후배가 얼마나 될까 물어보면 답이 나온다.

7. 자리를 지키고 올라가는 것만이 최선이 아님을 직시하라.

8. 타인을 돌아보는 여유는 지금 이후의 인생이 잘 설계되어 있을 때 가능하다. 늦지 않았다. 지금부터라도 인생을 설계하라.

현재의 권력에 연연하지 않고 자신의 성장을 위해 끊임없이 노력하는 리더는 아름답다. 70년대생은 확실히 다른 리더의 모습을 보여줄 수 있다고 믿는다. 선배로서 후배에게 권면하는 모습을 보며 그것이 얼마나 큰 동기부여인지 새삼 소중하게 느낀다. 이런 신념과 태도는 기업을 떠나 사회 전체를 성장시키는 수준 높은 원동력이 된다. 자리를 지키기 위해 서로에게 칼을 겨누지 않고 스스로 변화하고 성장하기 위해 노력하는 X세대 리더들에게 감사하다.

리더십 찾기 단축키,
'Ctrl+F'

적과의 동침 준비

지금까지 90년대생이 누구이며 이들로 인해 현재 70년대생 X세대 리더들이 어떤 상황에 처해 있는지 생생하게 살펴봤다. 너그럽게 90년대생을 이해하자고 말했지만 도대체 어떻게 하면 이 '외계인' 같은 90년대생과 함께 일하며 성과를 낼 수 있을까?

문제만 제기하고 비겁하게 도망칠 생각은 없다. 그 구체적인 답을 알려주기에 앞서 우선 리더들이 마음속에 새겨야 할 리더십 원칙을 소개한다. 여러분이 가진 훌륭한 지혜, 경험, 지식 들은 일단 비밀금고 속에 넣어두기를 권한다. 일단 모든 생각을 내려놓고(앞으로도 이런 주문을 반복할 것이다) 그냥 편하게 되뇌어보기 바란다.

90년대생 외계인(역대 최고의 악당?)과 함께 살아갈 리더십 원칙을 아래와 같이 5가지로 정리해봤다. 간단한 영어라서 굳이 번역하지 않아도 될 것 같다. 고심을 거듭하며 5가지로 요약했지만 솔직히 대단한 발견은 아니다. 하지만 단순한 것이 매력적이고, 현실적인 것이 실용적인 법. 자세한 설명은 뒤에서 하겠다.

Ctrl+F

Communicate clearly

Trust and be trusted

Revenge 'NOT'

Listen with all your heart

Feedback for growth

화가 치미는 말들

한국사회에서 인간관계는 연령과 직급을 중심으로 견고한 수직구조를 가진다. 연령을 무시하는 말투 하나 때문에 크고 작은 다툼이 벌어지곤 한다. 혹은 이 규칙을 역이용해서 즉, 갈등을 일으키기 위해 일부러 이 규칙에 역행하기도 한다. 비근한 예로 처음 보는 사람에게 반말을 해버리는 것이다. 직장에서는 '그걸 제가 왜 해요' 같이 수직구조에 도전하는 반말 같은 행동을 해버리는 것이 하나의 예가 될 수 있다. 많은 리더들이 즉각적으로 화가 치미는 경험을 했을 것이다. 운전을 하다가 시비가 붙을 때 나이 고하를 막론하고 핏대를 올리고 반말을 하면 교통사고는 어느새 새로운 국면으로 전개된다. 감정을 굳이 섞지 않아도 단어 하나만으로 소통과 갈등의 수위를 조절할 수 있다니 우리말은 참 대단하지 않은가?

한국사회의 수직구조를 명확히 볼 수 있는 곳은 바로 회사나 군대 같은 조직이다. 회사에서는 상대의 직급 그리고 나이를 대부분이 정확히 알고 있다. 그래서 단어 선택, 말투, 태도를 상대방에 맞춰 결정한다. 그런데 지금 조직의 상부를 점하고 있는 70년대생이 이 구조를 거부하는 신세대 90년대생으로 인해 몸살을 앓고 있다. 그들이 성장해온 과정에서는 감히 상상할 수 없었던 일들이 벌어지고 있다. IMF와 글로벌 금융위기 등 굵직한 사건들을 경험하면서 빠르게 사회가 원하는 방향으로 행동을 수정했던 70년대생. 이제 그들에게 닥쳐온 위기는 '성과'도 '성장'도 아닌 바로 '90년대생'이다.

90년대생 그들이 쓰는 단어를 몰라서 소외되는 것은 실제로 치명적이지 않다. 하지만 내 몸에 밴 기준을 무시하는 '대화체'를 감히 구사하는 직원들은 나의 혈압을 상승시키는 원인이 되는데, 그래서 치명적일 수 있다. 조직의 대표나 인사부서에서는 이런 점을 해당 리더가 감내해야 할 리더십 문제로 돌리기에 더욱 더 외롭고 힘들다. 70년대생들과 인터뷰해봤더니 90년대생이 다음과 같은 말을 할 때 정말 화가 머리끝까지 치솟는다고 한다.

- 저는 못하겠습니다. 제 일이 아닌데요.
- 미리 잡힌 개인사가 있어서 참석할 수가 없습니다.

- 회식을 꼭 가야 하나요? 한 달 전에 미리 공지해주면 안 되나요?
- 이거 꼭 오늘까지 해야 되나요?
- 부장님이 좀 해주시면 안 돼요?
- 전 SNS 안 합니다.

70년대생 리더들에게 두려워하는 게 뭐냐고 물어보면 어떤 의견 혹은 지시를 했을 때 위와 같은 답이 나올까봐, 라고 답한다. 마음 놓고 지시도 부탁도 못하겠다는 의미이다. 실제로 상사의 지시가 본인의 마음에 들지 않으면 곧바로 사내 고충함에 쪽지를 쓰거나 혹은 직장 내 괴롭힘으로 고발하는 사례가 지속적으로 증가하고 있다. 물론 정당한 사유로 제보를 하는 경우가 대부분이라고 본다. 하지만 일반적으로 고발한 사람은 익명으로 보호되고 고발당한 사람은 일단 색안경을 쓰고 바라보는 것이 현재의 추세다. 나중에 잘잘못이 밝혀져도 대부분의 경우 원래의 사건만이 머릿속에 남는 경우가 대부분이다.

인간관계 형성이 오래 걸리고 쉽지 않다는 것을 배우지 못한 세대들이 '빠른 해결책(Fast Track)'만 찾고 있는 것은 큰 문제다. 2019년 8월 통계청이 조사한 「직장 내 괴롭힘 제보 건수」를 살펴보면 큰 폭으로 늘어나는 경향을 보이는데, 특히 이 제보 중에 50퍼센트 이상이 '폭언'이라는 점이 흥미롭다. 직원들이 일하는 방식, 태도가 마음에 들지 않을 때 감정을 자제하지 못하고 자신도 모르게 내뱉는 말이 가장 큰 상처를 주고 있다는 것이다.

'방탄리더'를 위하여

당연히 누군가를 괴롭히기 위해 직장생활을 하는 건 아니다. 그런데 지금의 리더인 70년대생이 갑질의 주범이 된 상황은 매우 안타까운 일이다. 앞으로 90년대생과 잘 어울리는 보다 구체적인 방법을 논하겠지만, 이것이 절대적으로 70년대생에게 문제가 있다는 의미는 아니다. 조직의 리더로서 리더십을 발휘하며 조직과 한국사회를 이끌어나가야 할 세대가 말 못할 괴로움으로 정신적 갈등을 겪는 상황을 좌시할 수 없는 것이다. 조직에서 리더십을 발휘하지 못하면 그 몫은 온전히 조직의 성과저하로 연결되고 분열로 이어질 가능성이 높다.

대표이사 시절을 포함 오랜 세월 직장생활을 하면서 리더십에 대해 끊임없이 고민한 결과, 단순하고 명쾌하게 리더십 찾기 단축키 'Ctrl+F'가 도출되었다.

1 | Communicate clearly _ 명확하게 소통하라

부디 자기가 한 말은 명확하게 기억하라. 들은 말도 마찬가지다. 바로바로 기록하는 것이 좋다. 40~50대 리더들은 기억하라. 우리 연령대는 인생에서 기억력이 감퇴하기 시작하는 시점이라는 것을. 그렇다고 안타까워하지 마라. 기억을 보조할 장치가 얼마나 많은가?

손부터 부지런히 움직여라.

2 | Trust and be trusted _ 신뢰하고 신뢰를 얻어라

먼저 신뢰하라. 그리고 신뢰를 받으라. 조금 부족해 보이는 직원을
어떻게 할까 고민만 하지 말고 계속 위임하라. 물론 '플랜B'를 가지
고 접근하라. 또 결정을 느리게 하거나 미루지 마라. 아직 많은 직원
들이 상사가 해결책을 가진 사람이라는 신화를 믿는다. 이 신화가
빛이 바래지 않도록 하라. 상호신뢰를 위해 솔직한 자기인식이 도
움이 된다. 자기인식이 되지 않는 상사 그리고 부하직원, 얼마나 머
리 아픈 존재들인가!

3 | Revenge 'NOT' _ 복수하지 마라

'나중에 인사고과 때 보자', '나랑 같이 있는 동안 내가 널 진급 시켜
주나 봐라' 이런 식으로 자신을 갉아먹는 복수심에 불타지 마라. 정
작 당사자는 기억도 못한다. "꼭 그래야만 했냐?" 한국을 대표하는
액션영화 한자리를 당당히 차지하고 있는 영화 〈해바라기〉 주인공
의 대사다. "저한테 왜 그랬어요? (중략) 말해 봐요. 진짜 생각 많이
해봤는데, 정말 모르겠거든요?" 영화 〈달콤한 인생〉에 나온 이 대사
를 빼놓으면 섭섭할 분들을 위해 역시 챙겨본다. 아, 영화 속 화답가
가 기억나는가? "넌 내게 모욕감을 줬어." 치졸의 '끝판왕'이다.

4 │ **Listen with all your heart _ 진심으로 들어라**

성공한 리더일수록 하고 싶은 말이 참 많아 어딜 가든 '내 말 좀 들어봐' 외치고 다닌다. 하지만 역지사지하는 태도를 잊어서는 안 된다. 누구나 나의 말을 관심 있게 들어주고 동의해주면 존중받는다는 느낌을 받는다. 경청은 바로 이런 인간의 기본욕구를 충분히 활용하면서 문제를 해결하는 자세인 것이다.

5 │ **Feedback for growth _ 성장을 위해 '피드백' 하라**

직원들에게 바라고 싶은 점이 있다면 정확히 전달하라. 그리고 피드백은 당신의 성장을 위한 것이지 질책이 아님을 알려줘라. 제대로 된 피드백 기술을 연마하는 것 또한 중요하다. 피드백은 단순한 '지적질'과는 다른 것이다. 성질 쏙 빼고, 기름기 확 빼고, 담백하게 하자.

가능하면 지금 당장 위 5가지 리더십 원칙을 출력해서 다이어리에 붙여놓는 것이 좋다. 맨 앞 알파벳만 기억해도 좋다. 리더의 'C', 리더의 'T', 리더의 'R', 리더의 'L', 리더의 'F'. 이건 여러분이 몰라서가 아니라 목표를 눈에서 떼지 않는 훈련을 하라는 의미이다. 보통 오피스 프로그램을 활용할 때 '찾기(바꾸기)' 단축키가 'Ctrl+F'이다. 그렇다. 리더십 원칙이 흔들린다면 바로 이 단축키를 활용하여 빠르게 찾아 대처하기 바란다. 여기에 여러분의 생각을 더해도 좋다. 바위에 새기듯 숙지하고 나서 신세대 90년대생과 일하라 든든한 방탄복처럼 느껴질 것이다. 혹시 근무 중 레이더에 악당이 접근하는 신호가 포착되면 바로 다이어리를 열어보라. 웃음을 띠면서 악당을 맞이하라. 가공할 미사일은 아직 쏘지 않기를 바란다. 피아 모두 근거리에 있기 때문에 서로 큰 타격을 입을 수 있다. 부디 냉정과 열정 사이에서 온전하게 당신 자신을 지킬 수 있기를 바란다.

앞으로 이 리더십 찾기 단축키 'Ctrl+F'를 조목조목 풀어가며 세대갈등 상황에 맞춘 해결책을 제시해보겠다.

만물의 영장인 인간이 계속 진화해서
끝내 조류가 되었단 말인가.
부디 오리발은 그만 내밀자.
오리도 자존심 상한다.

리디의 'ㄷ'

Chapter 3

뭔 말인지 알지?
뭔 말인지 알지?

뭔 말인지 모르겠어요!

현대사회는 과거와 달리 대용량의 자료들이 생산되고 전달된다. 글자만 전달하던 시대에서 고화질의 사진과 동영상이 일반화된, 바야흐로 대용량 데이터 시대인 것이다.

 불과 10여 년 전만 하더라도 대용량 파일을 전달할 때 큰 어려움을 겪었다. 아직도 회사 메일 계정은 10MB 이상 첨부하면 전달이 어렵다. 그래서 대용량 전송이 가능한 개인 메신저 혹은 USB를 쓰거나 외부업체의 도움을 받는다. 물론 대부분 프로그램을 활용하여 대용량 파일을 압축한다. 이렇게 압축된 파일을 받은 상대방은 원래대로 압축을 풀어 사용한다. 기술이 많이 진보했어도 여전히 압축파일 푸는 절차는 단 한 번의 클릭만으로는 되지 않아 불편함은 겪는 것이 사실이다.

과거보다 훨씬 많은 정보들이 실시간으로 끊임없이 전달되고 있다. 조직 형태나 구성도 더 복잡해졌고 많은 일들을 동시에 처리해야 하는 상황도 비일비재하다. 과거에는 사람의 손과 발, 시간이 많이 필요했지만 그래도 지금은 각종 컴퓨터 프로그램이 일을 훨씬 더 빠르고 쉽게 처리하도록 돕고 있다.

그러면서 조직은 더 영리하게 진화했다. 조직은 디지털 도구 덕분에 직원들이 일하는 시간을 아끼게 된 것을 바로 알아채서 남은 시간을 더 많은 일들로 채워준다. 성능이 향상된 디지털 장비의 도움으로 일이 쉬워진 듯 보이지만 그만큼 더 많은 일들이 주어지는 것이다. 조직의 리더는 기본적으로 이런 많은 일들을 직원들에게 제때 전달하는 역할에 우선 충실해야 한다.

왜 갑자기 대용량 압축파일 얘기를 꺼냈을까? 조직 내 소통과 무슨 상관이 있다는 것인가? 아마 즉각 연관성을 찾지는 못했을 것이다. '압축파일'과 '소통'을 하나로 엮는 질문을 던져보겠다. 노련한 리더이지만 신세대 혹은 젊은 직원들이 자꾸 불만이 갖는 이유는 무엇일까? 그것은 '소통' 때문이고 '압축파일'이 그 단서가 된다. 요즘 친구들과는 소통이 어렵다고 말할 때는 대개 다음의 경우다.

1. 생각이 너무 다르다.
2. 무슨 말인지 못 알아듣는다.
3. 나중에 딴 소리를 한다.

4. 제대로 이해하려고 애쓰지 않는다.

소통에 불만이 발생하는 원인은 첫째, 철저히 리더 중심의 사고 때문이고 둘째, 책임은 업무를 수행한 직원에게 있다는 사고 때문이다. 특히 부단히 성과를 내면서 조직의 인정을 받은 리더일수록 성과의 문제든 소통의 문제든 간에 문제의 원인을 나를 제외한 곳에서 찾으려는 경향이 짙다.

리더의 말은 압축파일?

어느 회사든 반드시 뛰어난 역량을 가진 리더가 있기 마련이다. 자타가 공인하는 실적을 내고 회사가 지금의 위치까지 오르는 데 결정적 역할을 한 사람 말이다. 이들은 명석한 머리와 카리스마로 업무와 직원 장악력이 대단하다. 존경하며 따르는 직원들이 많고 언제나 함께 일하고 싶은 리더로 꼽힌다. 그런데 한 점 흠도 없을 것만 같은 이런 리더가 소통에 문제가 있다고 한다면 믿을 것인가? 미팅을 하고 나서 종종 별도의 미팅을 하는 경우가 발생하는데, 도대체 왜 그럴까?

- 오늘 미팅에서 나온 이야기 모두 이해했어?
- 아까 그 말 그게 무슨 의미야?
- 나는 이렇게 이해했는데, 김 차장은 어떻게 이해했어?

분명 우리말로 진행한 미팅인데 왜 사후미팅이 또 필요할까? 조직에서 시간은 돈인데 왜 아까운 시간을 낭비하며 미팅 후 또 미팅을 하는 건가? 조직의 리더는 소통의 중요성을 너무나 잘 알고 있다. 잘된 소통이 조직에 어떤 이점을 가져다주는지도 잘 안다. 잠깐 잘된 소통의 장점을 짚고 가보자.

1. 명확한 소통은 조직내부의 소음을 없앤다. 불필요한 오해나 루머를 차단한다. 오해와 루머는 불신을 양산해 조직의 화합과 생산성을 저해한다.

2. 잘된 소통은 상호신뢰를 형성시켜준다. 서로가 가진 생각을 공식적으로 표현할 수 있는 기회를 가지는 것은 매우 중요하다. 매슬로(Maslow)의 '인간욕구5단계'에서 말한 상위 2개 욕구 즉, '존중'과 '자기실현'은 조직에서 내가 한 말을 상대가 의미 있게 받아들일 때 달성된다.

3. 소통을 통해서 서로의 지식이 배가된다. 신구 세대의 지식 모두 가치가 있음을 우린 잘 안다. 과거 수천 년 전 공자, 맹자, 소크라테스 등과 같은 철학자의 지식을 현재의 리더들이 아직도 배우고 있다는 사실에서 알 수 있다.

다시 미팅 후에 이뤄진 대화로 돌아가 보자. 미팅 후 미팅이 이뤄지는 이유, 그것은 바로 리더의 말이 상당부분 압축파일로 전달되기 때문이다.

근의 공식을 아는가? 피타고라스의 정리를 아는가? 원의 지름을 구하는 공식은? 아인슈타인의 상대성이론 공식은? 한국사회에서 교육을 받은 사람이라면 40~50대라 하더라도 어렴풋이 기억할 것이다. 왜 우리는 중고교 시절 이렇게 많은 공식들을 배우고 외운 것인가? 문제해결의 효율을 담보하는 것이 바로 공식이기 때문이다. 공식을 이용하지 않으면 너무 오랜 시간이 걸리거나 아예 풀 수 없는 문제가 대부분이다. 수학자나 과학자가 정리한 공식이 시간을 단축해준다. 하지만 우리 대부분이 이 공식이 왜, 어떻게 나왔는지는 이해하지 못한다. 간단해 보이는 공식의 뒤에는 수십 페이지에 걸친 도출의 과정이 있다. 그런 고뇌의 결과가 바로 지금 우리가 외우는 공식으로 압축되어 세상에 나온 것이다. 그것을 밤낮 들여다본들 수학자나 과학자가 아닌 이상 우리는 이해하지 못한다. 그 분야에 몰입해보지 않았기 때문이다.

　화제를 다시 조직의 리더십으로 옮겨보자. 조직의 리더는 어떤 사람들인가? 그중에서도 뛰어난 리더는 어떤 사람인가? 우리가 지금 누리고 있는 조직의 성과를 이뤄낸 사람들 아닌가! 그 과정의 대부분은 우리가 전혀 알지 못한다. 90년대생은 지금 조직의 리더 자리에 있는 70년대생이 이뤄낸 성과의 결과물만을 보고 있다. 그들이 만든 멋진 공식만을 보고 있는 것이다. 하지만 안타깝게도 젊은 신세대는 그 공식의 도출 과정을 정확히 풀어 이해할 역량과 경험이 부족하다. 그런데 조직의 리더들이 쓰는 화법은 어떠한가? 다시 조직의 대화로 돌아가 보자.

- 자, 이 일은 이런 식으로 접근하면 돼. 알겠지?
- 예전에도 이런 유사한 일이 많았고, 이런 방식으로 풀었는
  데 쉽게 해결됐어.
- 이건 너무 간단한 문제야. 그러니까 내 말은 이런 경우에는
  이런 식으로 대처하라는 거야.

리더는 이렇게 말해놓고 직원의 얼굴을 재빨리 살펴본다. 리더는
직원 표정만 봐도 직관적으로 이해 여부를 구분할 수 있다. 경험 많
고 노련한 리더일수록 더욱 그렇다. 이때 습관처럼 나오는 말이 바
로 '뭔 말인지 알지?' 혹은 '내가 무슨 말하는지 알겠지?' 따위다. 어
떤 리더는 이 말을 습관성 추임새처럼 쓰기도 하지만 혹시나 직원들
이 못 알아듣진 않았는지 걱정되기 때문에 확인차 던지기도 한다.

리더 본인 스스로 잘 설명했다고 믿는데 왜 이런 질문을 던질까?
그것은 과거의 트라우마로부터 발생한다. 내가 한 말을 알아들었다
고 생각했는데 나중에 다른 결과를 가져오는 일들이 반복되면서 이
런 트라우마가 생긴다. 특히 실수를 반복하는 직원과 일해본 리더
일수록 불안감에 직원의 반응을 확인하고 되물음으로써 스스로 안
심하고자 하는 심리가 작동하는 것이다.

이때 신뢰를 받지 못하는 직원은 어떤 생각이 들까? 여러분의 직
장 초년생 시절로 돌아가 보라. 여러분이 참석했던 선임, 팀장, 부서
장과의 미팅 상황을 떠올려 보라.

우와!

90년대생은 지금 조직의 리더 자리에 있는 70년대생이 이뤄낸 성과의 결과물만을 보고 있다. 그들이 만든 멋진 공식만을 보고 있는 것이다. 하지만 안타깝게도 젊은 신세대는 그 공식의 도출 과정을 정확히 풀어 이해할 역량과 경험이 부족하다.

소통은 리더를 보호하는 도구

'어떡하지. 뭔 말인지 정말 못 알아듣겠다.'

과거 10~20년 전 어느 미팅에서 당신은 속으로 이런 독백을 하고 있었다.

- 모른다고 그냥 말할까? 그럼 바보 취급 당하지 않을까?
- 내 동기는 잘 알아들은 것 같은데, 이따가 따로 물어볼까?
- 선배님한테 물어볼까? 근데 지난번처럼 핀잔을 주지는 않을까?
- 아, 한국말인데 정말 왜 이리 어렵지?
- 조금 더 쉽게 말해주면 안 되나?

어떤가? 당신의 모습이 떠오르지 않는가? 독자 중에서는 '나는 아니다' 단언하는 사람도 있겠지만 공감하는 사람이 더 많을 것으로 본다. 이런 독백은 결국 지시와 결과의 괴리를 가져오는 중요한 신호다.

다시 현재로 돌아와 보자. 지금 당신은 많은 직원들을 거느린 리더다. 지금의 신세대가 똑똑해서 과거의 나보다는 말을 잘 알아들을 것으로 생각하는가? 소통의 명확성은 듣고 있는 상대방의 역량에 전적으로 기인한다는 생각을 하고 있지는 않은가? 이런 생각들이 전해져 내려오면서 지금의 리더는 본인에게 문제가 있고 개선이 필요하다는 사실을 잊어버린 것은 아닌가?

소통은 '시작'이 중요하다는 점을 좀 더 면밀히 살펴보자. 아래 제시된 질문에 답을 해보기 바란다. 그리고 스스로 평가점수를 매겨보자.

1. 미팅 준비에 충분한 시간을 할애했는가?
2. 미팅에 참석할 사람을 제대로 선정했는가?
3. 미팅에서 논의될 주제를 사전에 전달했는가?
4. 참석자들에게 준비할 사항을 사전에 정확히 전달했는가?
5. 미팅 리허설(예상 질문/저항/침묵 대비)을 했는가?
6. 미팅 내용이 잘 전달되었는지 어떻게 파악할지 생각해봤는가?
7. 미팅에 대한 사후조치를 어떻게 할지 명확히 전달했는가?
8. 미팅에서 논의된 안건 중 누가 담당인지 애매하게 정하고 넘어간 건 없는가?
9. 미팅에서 지시한 건을 정확히 이해했는지 당사자의 입을 통해 확인했는가?
   특히 이해 여부를 확인할 때는 노련한 기술이 필요하다. 리더가 말하고 바로 이해했는지를 물어보면 상대를 믿지 못하겠다고 말하는 것과 다르지 않다. 아래 10~12번을 통해 다시 확인해보자.
10. 질문을 자유롭게 하도록 배려했는가?

11. 잘못된 질문, 바보 같은 질문은 없다고 수시로 강조했는가?
12. 엉뚱한 질문을 받았을 때 표정관리를 잘했는가?

위 질문에 맞춰 스스로를 평가해보면 좋은 소통을 위해 리더로서 제대로 준비하고 실행했는지 여부를 알 수 있다. 지금 세대는 우리가 성장할 때와는 전혀 다른 반응과 생각을 표현할 가능성이 상당히 높다. 이런 반응에 우리가 어떤 반응을 보이는가에 따라 그들이 기성세대를 보는 시각이 달라질 것이다. 만약 리더가 다양한 관점과 포용, 배려를 보여준다면 직원은 스스로 조직과 잘 연결되어 있음을 느낀다.

위 질문을 일이 발생할 때마다 모두 점검할 필요는 없지만 나름 습관이 되도록 자리 잘 보이는 곳에 보관할 것을 제안한다. 효과적인 소통을 위해 리더가 하는 노력은 일차적으로 직원을 위한 것이지만 결국은 '팀의 성과'라는 결과를 이끌어내 리더 자신을 보호하는 중요한 도구인 것이다. 이 말을 항상 기억하기 바란다.

"제대로 된 소통으로 리더 자신을 보호하라."

어험, 난 그렇게
말한 적 없는데

오리발 내밀기 전에

자신의 기억력을 얼마나 신뢰하는가? 100퍼센트 신뢰한다고 자신할 수 있는가? 최선의 대답은 대개 '상당부분 정확하다'가 아닐까 싶다.

기억과 관련해서 개그맨들도 참고하는 좋은 소재가 바로 국회에서 벌어지는 청문회다. 대개 국회의원들은 자료를 산더미처럼 쌓아놓고 질문을 시작한다.

- 지난 20xx년 x월에 xxx를 만난 것으로 되어 있고 통화기록도 있던데, 정말 이럴 겁니까?
- 했어요, 안 했어요?

- 여기 증거가 있는데, 오리발 내밀 거예요? 내 말이 우스워
  요?

날 선 질문들이 핏대 세운 고성과 함께 상대편으로 파고든다. 대
답은 대동소이하다.

- 기억이 나지 않습니다.
- 제가 하는 일이 얼마나 많은데 그걸 일일이 다 기억합니까?
- 그날은 집에 있었던 것 같습니다.

어떤 사건이든 분명 누구 하나는 거짓말하고 있는 상황이 매번 연
출된다. 물론 질문을 받는 사람들, 대한민국에서 최고로 성공한 전
직 대통령, 기업총수, 고위공직자 들이 기억력이 한참 모자라는 사
람들은 아니라고 믿는다. 정말 기억나지 않을 수도 있지 않을까 생
각해본다. 우리도 가끔 어제 저녁에 뭘 먹었는지조차 떠오르지 않
는 경우가 있다. 심지어 손에 들고 있는 안경을 찾는 경우도 있다. 우
리가 정확하다고 믿는 기억은 실상 왜곡된 경우가 상당히 많다.

다시 직장으로 눈을 돌려보자. 이런 말들 어디서 한 번쯤 들어봤
을 것이다.

- 앞으로 우리 부장 말은 죄다 녹음해야 돼.

- 분명히 이렇게 말씀 하셨잖아요. 근데 지금 와서 왜 다르게 말씀하시는 건가요?
- 저는 분명히 기억해요. 그저께 제 자리에 오셔서 보고서 작성해서 다음 주까지 제출하면 된다고 하셨어요. 근데 바로 지금 보자고 하시면 어떡해요. 기억 안 나세요?

그렇다, 기억이 가물가물하다. 일반적으로 리더는 많은 일을 동시에 처리해야 한다. 복잡하기까지 해서 섞이기 쉽다. 아니라고 부인하고 싶겠지만 엄연한 사실이다. 우리 인간의 뇌는 동시에 여러 가지 일을 하면 효율이 떨어진다고 뇌 과학자들은 공통적으로 말한다. 독일의 심리학자 헤르만 에빙하우스(Hermann Ebbinghaus)는 인간은 어떤 것을 암기하고 나서 20분만 지나도 기억의 40퍼센트 이상 사라진다는 망각률로 망각곡선을 그려내기도 했다. 우리가 자신하는 기억을 매 순간 의심할 수밖에 없는 것이다.

난 도깨비 신부야

몇 해 전 안방극장을 뜨겁게 달궜던 드라마 〈도깨비〉를 기억하는가? 케이블티브이 최고 시청률을 기록하며 아직 우리의 뇌리에 남아 있는 드라마다. 일본에서도 상당히 큰 반향을 불러일으켰고 지금도 한일 드라마를 비교할 때 사례로 등장할 정도로 파급력이 상당했다. 이 드라마는 매회 카타르시스를 안겨주었는데 절대 잊을 수 없는 명장면이 있다. 도깨비가 무로 돌아가며 기억을 지우자 여주인공이 그걸 노트에 필사적으로 적는 모습이다.

"기억해야 돼. 난 도깨비 신부야."

신입사원 때부터 필기를 무척 좋아해서 상사나 선배의 말을 꼭 받아 적는 습관이 있었다. 적는 걸 좋아하다 보니 자연스레 다이어리에 관심이 많았고 그 당시 최고가 시스템 다이어리였던 프랭클린 다이어리를 5년 이상 사용하기도 했다. 상사들은 받아 적는 습관을 상당히 긍정적으로 평가해주었다. 가끔씩 상사들이 다른 직원들에게 "제대로 기억도 못하면서 왜 받아 적지도 않는 거야? 이해가 안 된다, 정말." 푸념처럼 늘어놓던 기억도 생생하다.

차를 새로 샀을 때 가장 짜증나는 일은 '단차'일 것이다. 차의 본체와 나머지 열고 닫는 부분에서 유격이 생기거나, 틈이 비정상적으로 벌어져 있거나, 눈에 띄게 좌우대칭이 맞지 않는 현상 말이다. 우리의 대화도 마찬가지다. 팀의 리더와 구성원들 간에 발생하는 소통의 단차는 앞에서도 언급한 것처럼 신뢰와 성과에 큰 영향을 미친다.

이런 단차를 없앨 수 있는 방법이 바로 적자생존 즉, '적는 자가 생존한다'는 법칙이다. 나의 불완전한 기억에 의존하지 말고 중요한 대화나 지시는 반드시 메모하기 바란다. 근사하게 구두로 지시하고 나서 나중에 다시 미팅할 때 단차가 생겨버리면 곤란하다. 오

히려 리더가 더 꼼꼼히 기록하며 소통의 단차를 없애려는 모습을
보인다면 직원들도 금방 닮아갈 것이다.

받아쓰기는 애들이나?

기록하지 않는 이유 중 하나는 그동안 힘겹게 실무를 하며 큰 기여
를 해왔기에 이젠 좀 실무에서 벗어나기를 바라는 마음 때문이다.
꼼꼼히 적는 일이 실무를 맡던 시절의 일 같아서 모양이 떨어진다
고 착각하는 것이다. 적지 않아도 다 기억해내면 더 멋지다는 평판
을 받기 때문이기도 하다. 이런 겉멋 때문에 소통의 단차라는 불미
스러운 일이 발생될 수 있음을 유념해야 한다. 적는 것은 머리가 나
빠서가 아니라 정밀한 소통을 위한 것임을 알아야 한다. 구체적으
로 소통되지 않는 조직의 직원들은 수시로 패닉을 경험한다. 일을
재차, 삼차 하게 되어 소중한 시간을 낭비하는 것이다. 조직의 시간
이 비효율의 늪으로 빠지는 일이 벌어지기 전에 뭐든 기록하는 것
은 하나도 이상한 일이 아님을 부디 깨닫기 바란다.
　리더가 업무를 제대로 기억하지 못함으로써 생기는 문제점은 다
음과 같다.

1. 현업을 모르면 역량에 의심을 받는다.
2. 다른 리더와 비교된다.

요즘 기업은 임원도 말단직원의 일까지 일일이 파악하고 있어야한다고 강조한다. 글로벌기업에서는 대표이사가 임원들에게 실무일을 물어보는 경우가 많다. 특정 주요 제품이 얼마나 발주가 이루어졌는지 혹은 언제 생산되는지 질문을 받은 경우 제대로 답하지못하면 서로 무안해진다. 예전에는 임원이 이런 질문을 받으면 곧바로 가깝게 앉아 있던 심복인 김 차장, 박 과장한테 고개를 돌려 답을 구했고, 모르면 해당 직원들이 문책을 받았다. 하지만 지금은 시대가 달라진 것이다.

소통의 단차가 지속적으로 생기면 결국 다른 리더와 비교되고 안좋은 평가를 받게 된다. 특히 기억력이 좋거나 정리의 달인인 리더와 공개적으로 비교되어 망신 당할 수 있음을 명심해야 한다. 리더의 자리를 편하게 누리던 시절은 이미 과거가 되었다. 과거에 연연하지 말고 바로 지금 준비하라.

기억력을 보완하기 위해 다음과 같은 방법이 도움이 될 것이다.

1. 미팅 참석 시 꼼꼼하게 정리된 바인더를 가지고 들어간다.
   특히 복잡한 숫자가 많은 매출 자료는 더 잘 챙겨야 한다.
   바인더는 별도로 색인해놓는 것이 좋다.
2. 미팅 관련 주요 내용은 사전에 업무용 다이어리에 기록해
   둔다.
3. 미팅 전 담당직원들과 Q&A 중심으로 리허설을 진행한다.
   리허설을 하면 더 확실하게 기억할 수 있다.

기억의 단차를 직원 탓으로 돌리는 태도는 직원의 신뢰를 잃는 첫걸음이 된다. 아무리 기억력에 자신 있다 해도 나이가 들수록 기억은 자연스레 빠른 속도로 감퇴한다는 사실을 직시하라. 기억력은 20~30대에 가장 상승하고 40대부터 내리막길을 걷는다는 사실을 인정하고 반드시 기억 보완장치를 마련하기 바란다.

조선의 임금 중에 기록을 중시했던 자가 바로 세조였다. 이 세조가 승정원 승지들에게 했던 말이 있다. '교기불여졸서(巧記不如拙書)' 즉, '교묘한 기억도 부족한 기록보다 못하다' 했으니 기억력이 아무리 좋아도 기록하는 것이 낫다는 사실을 명심하자. 나의 머리를 절대적으로 신뢰하지 말고, 나의 부족함을 인정하고 나의 손으로 직접 기억을 기록하자.

핫팁, 이면지
소통

내가 그랬었나?

"지난번엔 괜찮다고 하셨는데……"

새로 론칭할 브랜드의 콘셉트를 정하기 위해 마케팅 임원 김기억(가명) 상무는 브랜드커뮤니케이션 담당자 박기획(가명) 과장에게 제안서를 만들어 보고하라고 지시했다. 그에게 주어진 시간은 한 달이었다. 김 상무는 새로운 브랜드가 기존 브랜드보다 대중 친화적이기를 바랐다. 마니아층을 비롯해 보다 폭넓게 대중 소비자에게 사랑받기를 원했던 것이다. 박 과장은 김 상무의 의중에 따라 대중의 유행을 선도하는 밀레니얼 세대를 타깃으로 B급 감성, 레트로 감성이 느껴지는 카피와 로고 디자인, 마케팅 전략을 구상했다.

프로젝트에 착수한 지 일주일 후 박 과장은 콘셉트에 대한 피드백과 컨펌을 얻기 위해 초안을 가지고 김 상무를 찾아갔다.

> 박기획 과장: 상무님, 지시하셨던 브랜드 콘셉트에 대해 이런
> 식으로 발전시키고 싶은데, 이렇게 진행해도 괜찮은지 컨펌
> 을 받고 싶습니다.
> 김기억 상무: (천천히 훑어본 후)지금까지는 괜찮은 것 같아. 시
> 장에 자리 잡기 위해 유행에 예민한 밀레니얼 세대를 공략한
> 것도 좋고. 계속 이렇게 진행해줘.
> 박기획 과장: 감사합니다! 상무님.

박 과장은 김 상무의 컨펌에 힘입어 계속해서 아이디어를 발전시
켰고 제안서에 살을 붙였다. 그러고는 콘셉트에 따른 광고, 프로모
션 전략까지 구상했다.
2주 후 박 과장은 다시 김 상무를 찾아가 보고했다.

> 김기억 상무: (제안서를 살펴본 후)박 과장, 브랜드 콘셉트를 대
> 중 친화적으로 발전시키자고 했는데 이 부분을 바꿔야 할 것
> 같아. 결국 이 브랜드가 궁극적으로 지향하는 바는 프리미엄
> 이거든.
> 박기획 과장: (무척 당황하며)상무님, 제가 초안을 가져왔을 때
> 는 괜찮다고 하셨잖아요?
> 김기억 상무: 내가 그랬었나? 그랬다면 밀레니얼 세대 타깃

에 너무 몰입했던 것 같네. 방금 말한 것처럼만 바꾸면 되니 조금만 더 고생해주게.

김 상무의 피드백은 그리 간단한 것이 아니었다. 브랜드 콘셉트를 바꾸면 그에 따라 구상했던 마케팅 전략 모두를 수정해야 하기 때문이다. 결국 박 과장은 남은 일주일 동안 밤새 야근을 하며 제안서 전면 수정에 들어갔고, 제안서 제출 후 연차를 사용하여 지친 심신을 달래야만 했다.

70년대생 리더들은 이럴 때 어떤 생각이 드는지 궁금하다. 물론 리더의 생각이 바뀔 수도 있고 첫 지시가 잘못 내려졌을 수도 있다. 하지만 위의 경우는 시간을 낭비한 최악의 사례다. 리더가 직원의 시간과 회사의 시간을 낭비하게 만들었다면 제대로 사과해야 한다. 잘못된 지시였다면 다시 지시하는 것이 맞지만 그것을 아무렇지 않게 단순히 다시 하라고 지시하는 것은 올바른 리더십이 아니다.

혹여 직원이 이로 인해 개인적인 피해를 봤다면 리더가 발휘할 수 있는 권한으로 보상해야 한다. 감사와 미안한 마음을 담아 소소하게라도 기프티콘을 선물하거나 대체휴가로 보상하는 등 방법을 강구해야 한다. 사람은 누구나 실수한다는 걸 신입직원들도 잘 안다. 자신의 실수를 바로 인정하고 수습하려고 노력하는 리더가 훨씬 인간적으로 다가온다. 리더가 자신의 실수를 빠르게 인정하면 직원 역시 배울 것이다. 직원은 리더가 보여주는 대로 따라가는 경향이 있음을 반드시 기억하라.

뜬구름 돼버린 지시들

끝으로 직원들과 소통할 때 사용했던 방법 하나를 소개하고자 한다. 직원과 미팅을 할 때 특히 일대일 미팅을 할 때마다 늘 '이면지'를 활용했다. 이면지에 서로가 말했던 내용을 가감 없이 편하게 적어갔다. 가령 매출목표에 대한 서로의 생각을 알아보기 위해 성장곡선도 그려봤고 숫자를 써가며 계산도 했다. 그러고는 미팅이 끝나면 이면지 메모는 직원에게 들려 보냈다. 합의 과정과 결과가 고스란히 '우리의 생각'으로 이면지에 남았다. 지시사항 모두 미팅 시간 동안 빠짐없이 기록되었으니 상호 기억에 단차는 발생하지 않았다. 직원도 당연히 그 이면지에 자신의 생각을 남길 수 있었다.

일반적으로 상사와 직원이 미팅을 하면 상사는 구두로 지시하게 된다. 직원은 그것을 받아 적고는 나간다. 그런데 직원이 지시를 제대로 이해하지 못한 경우는 어떻게 되는가? 압축파일로 전달된 경우는 어떻게 되는가?

지금도 명쾌하게 전달되지 못한 지시들이 상사와 직원 사이에서 갈 길을 몰라 뜬구름처럼 떠돌고 있다.

신뢰를 주지도 않고서 신뢰 받기만을 원할 때,
우리는 이것을 '실례'라고 말한다.

리더의 'T'

Chapter 4

이럴 거면 미팅은
왜 하나?

하나 마나 들러리

스포츠 이벤트 프로모션 회의를 위해 팀장을 비롯해 열 명의 팀원들이 모두 모였다. 회의 내용을 살짝 엿들어보자. 역시 모두 가명으로 처리했다.

> 이미답 팀장: 내가 오늘 회의를 하는 이유는 이벤트 프로모션에 대해서 여러 사람의 아이디어를 받기 위해서야. 그러니까 자유롭게 아이디어를 개진하면 좋겠어. 누구 좋은 아이디어 가지고 있는 사람 없나? 내가 생각한 것도 있는데 먼저 자네들 생각이 듣고 싶어서⋯⋯
>
> 조치원 대리: 여름휴가를 겨냥해 우리 제품 구매 시 스크래치

카드를 긁어 3등은 텀블러, 2등은 워터파크 이용권, 1등은 제주도 항공권을 지급하는 이벤트는 어떨까요?

이미답 팀장: 여름을 겨냥한 건 좋은데 예산이 많이들 것 같고 이번 이벤트 콘셉트하고는 맞지 않는 것 같네.

박경기 대리: 제작업체에 의뢰해서 요즘 젊은 친구들에게 인기 있는 우리 회사 유리잔을 살짝 변형하고 이번 이벤트 로고 박아서 5만 원 이상 주문하는 손님에게 경품으로 지급하는 것은 어떨까요?

이미답 팀장: 괜찮은 것 같은데 잔 모양은 미국본사 가이드라인이 있어서 변형을 컨펌받는 게 시간이 많이 걸리고 복잡할 것 같아.

최성실 사원: 우리 신상품이 잘 팔리는 매장 중에 스크린이 있는 매장을 추려서 한시적으로 그 매장 관련 홍보물을 제작해주는 것은 어떨까요?

이미답 팀장: 음…… 그렇게 해줬다가 손님들이 우리 제품은 안 사고 다른 제품을 찾으면 우리만 손해 보는 꼴이 되지 않을까?

최성실 사원: 그럼 판매 담보 물량을 업주와 약속해서 진행하는 것은 어떨까요?

이미답 팀장: 업주 입장에선 그런 부담을 지고 싶진 않을 것 같네. 음, 내가 생각해본 건 우리 브랜드하고 이벤트 로고가 박힌 스포츠가방 증정인데, 어때 괜찮나? 요즘 사람들 운동

많이 하니까.

문지원 대리: 예산은 많이 안들 것 같은데 너무 남성 타깃 경품 같네요.

이미답 팀장: 요즘 여자들도 운동 많이 하니까 괜찮을 것 같은데?

신세대 과장: 스포츠를 즐기는 사람들에게만 한정된 경품인 것 같다는 느낌이 듭니다, 팀장님.

이미답 팀장: 본격적으로 운동하는 시즌이니까 진짜로 운동을 좋아하는 사람들이 매장에 찾아오지 않을까?

결국 이벤트 경품은 원래 팀장이 생각했던 스포츠가방으로 정해졌다. 의견을 낼 때마다 팀장에게는 모두 안 되는 이유가 있다는 게 신기하다. 무엇보다 예산이나 가이드라인 같은 정보가 미리 주어졌다면 의견을 내는 데 더 효율적이지 않았을까 아쉽다. 결국 팀원들은 짜증이 확 밀려온다. 도대체 뭐 하러 열 명이나 모여 시간을 소비하며 회의를 했는지 허탈하다.

열 명이 모여 한 시간 미팅을 했으니 회사 시간으로는 1.25일이 되고 그 시간이 고스란히 낭비된 것이다. 더군다나 팀원들의 사기가 꺾였고 리더를 향한 신뢰에 금이 가버렸다.

'답정너'를 외치는 이유

팀원들이 부지런히 의견을 냈지만 결국 팀장의 의견이 '셀프채택' 됐다. 물론 여러 가지 의견이 있어도 하나를 택해야 하는 상황이었다. 경험 많은 팀장의 의견이 더 좋을 수도 있다. 하지만 젊은 층을 대상으로 하는 이벤트 프로모션인 만큼 젊은 직원들의 의견이 더 가치 있어 보인다. 대화의 흐름을 살펴보면 팀장은 직원들이 어떤 의견을 내도 모두 안 될 이유를 가지고 있었다.

이런저런 이유로 의견이 묵살되면 직원들의 머릿속에 이런 생각이 들기 시작한다. '이 미팅은 요식행위였구나.' 요즘 젊은 층에서 잘 쓰는 표현 중에 '답정너'라고 있다. 이미 이 뜻은 앞에서 설명했다. 복습하자면, '답은 정해져 있고, 너는 대답만 하면 돼'란 뜻이다. "내가 원하는 답이 뭔지 모르나? 그 답을 해줘. 네 생각 말고." 이렇게 직장에선 오히려 기성세대 리더들이 '답정너'를 외치고 있다.

직원이 좀 부족하거나 엉뚱한 의견을 제시하면 리더는 본능적으로 어떻게 행동할까? 본인도 모르게 얼굴에 답답하고 짜증난다는 신호를 보내고 있을 것이다. 이런 상황이 계속 반복되면 직원은 '어차피 결론은 본인 뜻대로 할 거면서 뭐 하러 미팅을 하는 거야' 생각하게 된다. 의욕이 넘치던 직원이 언제부턴가 상사가 좋아할 만한 답만 찾으려고 고민하기 시작한다. '지난번에도 우리 팀장이 이렇게 말했지', '그렇지, 이런 방식을 선호했지' 내내 이런 생각만 머릿속에 맴도는 것이다.

젊은 직원들을 믿지 못하는 회사는 미래가 없다. 대표나 임원이 주도적으로 이끌던 회사는 우리의 기억에서 하나둘씩 사라져갔다. 살아남았다 해도 그저 숨만 쉬고 있는 형국이다.

자기인식,
신뢰의 기본 요건

나쁜 직원 10종 세트

우리는 직장생활을 하면서 수많은 리더를 만난다. 스승이 되는 리더를 만나는 행운도 있고 내게 치명적인 해를 가하는 리더를 만나는 불행도 있다. 그저 스쳐가는 리더도 있고 오랫동안 기억에서 지워지지 않는 리더도 있다. 리더 때문에 상처를 받기도 하지만 리더 덕분에 치유되기도 한다. 이것이 우리의 삶 아닌가 싶다. 좋은 리더를 만나고 좋은 리더가 되고 싶은 열망은 우리 마음속에 늘 공존한다.

그렇다면 리더의 관점에서 피하고 싶은 부하직원은 어떤 유형일까? 어떤 부하직원이 리더에게 상처를 입히고 스트레스를 높일까?

1. 간신히 정시에 맞춰 출근하거나 꼭 2~3분 정도 지각하는 직원
2. 똑같은 사고를 반복하는 직원
3. 내 지시를 잘 이해하지 못하는 직원
4. 틈만 나면 자리에서 인터넷으로 쇼핑하는 직원
5. 말끝마다 대꾸하는 직원
6. 자기인식이 결여된 직원
7. 공용 냉장고에 자기 건강음료만 가득 채워놓는 직원
8. 회식하자고 하면 꼭 한두 달 전부터 잡아놓은 중요한 약속이 있다고 말하는 직원
9. 재택근무 시 전화하면 외부에 잠깐 나와 있다고 말하는 직원
10. 누군가 '뒷담화' 하는 직원

1번부터 10번까지 모두 해당될 수 있지만 하나만 꼽으라면 어떤 경우인가? 아마도 상당수가 6번을 지목할 것이다. 자기가 누구인지 잘 모르는 사람과 같은 공간에서 지내야 할 때 특히 직장에서는 그 사람을 보는 것만으로도 스트레스가 된다.

변화는 나를 안다는 것

'나를 안다는 것'이 왜 중요할까? 다시 말해 '자기인식(Self-

Awareness)'은 왜 중요한가? 자기인식의 중요성은 이미 당대 최고의 철학자들도 강조했었다.

· 너 자신을 알라.
· 아는 것을 안다 하고 모르는 것을 모른다 하는 것이 진정한 앎이다.
· 적을 알고 나를 알면 백 번 싸워도 위태롭지 않다.

팀을 이끄는 리더라면 인사고과 시즌이 돌아오는 것이 늘 불편하다. 심지어는 두렵기까지 하다. 잘 알다시피 평가결과를 곧이곧대로 받아들이던 시대는 지났다. 조직도 일방적 평가를 지양하며 직원들의 이야기를 더 들으려고 노력한다. 평가의 공정성을 확보하기 위해 마치 공청회처럼 평가의 근거를 설명하는 자리를 갖기도 한다.

인사고과에서 가장 어려운 대상이 누구인지 부서장들에게 물으면 답변은 한결같다. 바로 '자기인식이 결여된 사람'이다. 리더가 이런 직원에게 낮은 평가를 주면 확실한 근거가 있어도 큰 저항에 직면한다. 이런 유형의 특징은 대체로 다음과 같다.

1. 문제점을 절대 인정하지 않는다.
2. 다른 직원의 평가내용까지 공개하기를 요구한다.
3. 평가자와 관계가 가깝지 않아 부당한 대우를 받는다고 여긴다.

인사고과에서 가장 어려운 대상이 누구인지 부서장들에게 물으면
답변은 한결같다. 바로 '자기인식이 결여된 사람'이다.

4. 다른 직원도 똑같다며 항변한다.

5. 곧바로 인사부서를 찾아간다.

글로벌 의료가전기업 P사의 한국지사는 얼마 전부터 'Anytime Feedback'이라는 제도를 도입했다. 자신의 퍼포먼스를 본인이 원하는 사람들에게 평가받는 제도인데, 특정 평가자에게 집중되었던 방식에서 탈피해 좀 더 자유롭고 편안한 분위기 속에서 평가를 받도록 배려한 것이다. 이렇게 평가를 받으면 평소에 본인이 인식하던 것을 확인할 수 있고 그렇지 않던 것은 새롭게 알게 된다.

어느 리더가 받은 평가 내용을 요약해보면 다음과 같다.

· 타 팀에 매우 협조적이세요.

· 저희 요구사항을 잘 경청해주셔서 큰 도움이 돼요.

· 자기 목소리를 잘 못 내시는 것 같아요.

· 이제 자기주장도 좀 펼쳐보세요.

· 너무 조용하신 것 같아요.

타인들의 시각에는 협력은 잘 하지만 소극적인 면이 있거나 자기 실속을 못 챙기는 사람으로 비치고 있다. 하지만 리더 본인은 남의 일에 열심히 협력하는 것이 최선이고 최고의 덕이라고 여긴다. 이럴 때 자기인식에서 차이가 생기는데, 협력이 최고의 지향점이라는 신념이 나머지를 가리기 때문이다.

나는 어떤 사람일까?

김인식(가명) 부서장: 권자기(가명) 차장, 그동안 직원이 적어서 고생했지. 한 명 충원 승인 받았어. 근데 우선 사내에서 후보를 찾아야 돼. 누가 적당할까?

권자기 차장: 정말 감사합니다. 그럼 누가 적임자인지 조직도를 보며 찾아보실까요?

권자기 차장: (조직도를 펼치며)이 친구 어때요? 나름 일 좀 한다는 친군데요!

김인식 부서장: 그래? 난 전혀 모르겠는데. 평소에 날 봐도 본 채 만 채 대충 인사만 하고 지나가던 그 친구 아닌가? 안경 끼고 키 좀 크고, 맞지?

권자기 차장: 아…… 그럼 이 친구는 어떠세요? 태도도 좋고……

김인식 부서장: 뭐 태도가 반드시 일과 직결되는 건 아니지만 그래도 이 친구 얘기는 들어본 적 있어. 이 부장이 틈만 나면 자랑했거든. 나도 이런 친구 있으면 좋겠다 싶었는데…… 한 번 작업해볼까?

지금 상품기획부서에서 충원이 필요하고 쓸 만한 사원을 찾고 있다. 90년대생이라면 위 대화에 나를 한번 대입시켜보자. 나는 후보자로 충분한 자질을 가지고 있는가? 남들이 꼭 한번 같이 일해보고 싶은 직원인가? 진지하게 고민해보면 앞으로 조직에서 나의 미래가 어떨지 스스로 가늠해볼 수 있을 것이다.

직장에서 자기인식이 결여된 직원을 만나면 정말 안타깝다. 의외로 자기 자신을 모르는 사람이 많다. 인사고과 시즌에는 더 많아진다. '잘했는데, 제가 왜 C입니까?', '저는 왜 A를 안 주시는 거죠?', '아니, 제가 얼마나 열심히 일했는지 직접 보셨잖아요?' 등등.

회사가 요구하는 '잘'과 '열심히'를 어떻게 이해해야 하는지는 매우 중요한 문제다. 평소 프레젠테이션스킬 강의를 할 때마다 청중의 관점을 강조한다. 많은 경우 좋은 아이디어니까 당연히 청중도 동의하고 반응할 거라고 믿는다. 그래서 실패한 프레젠테이션이 많은 것이다. 예쁘게 멋있게 만들었으니 설득은 문제없겠지 하는 안일한 인식이 일을 망친다. 약장수처럼 말만 잘하면 된다는 생각은 청중의 관점과는 완전히 어긋나 있다.

남들의 관점으로 나에 대한 정확한 인식만 해도 경쟁력은 훨씬 상승한다. 그것이 바로 '지피지기(知彼知己)'에서 '지기(知己)'에 해당하는 것이다. 그렇다면 어떻게 '지기'를 실천할 수 있을까?

1. 반드시 사내외 '멘토'를 만들어라. 사내에서는 가급적 타부서 사람이 좋다. 멘토를 선정할 때는 지속적으로 자기변화를 추구하는 상사 중에 선정해야 한다. 멘토링 신청을 거절할까봐 두려워하지는 말기 바란다. 좋은 사람들은 사람을 성장시키는 것을 좋아한다. 아니라면 이미 그 사람은 나

에게 도움이 되는 사람이 아닌 것이니, 이 또한 좋은 정보 아닌가?

2. 가능하면 자주 그리고 정기적으로 피드백을 받아라. 시간 내기가 어렵다면 점심시간을 활용하면 된다. 나에 대한 상사와 조직의 평가는 수시로 이뤄지고 있다. 수시평가를 놓치지 말기 바란다.

3. 중요한 발표를 하고 나면 같은 부서의 직원들에게 반드시 피드백을 받는다. 좋은 점과 개선점 모두 피드백을 받는다.

4. 멘토나 상급자에게 피드백을 받을 때 지적이 아프더라도 절대 변명하려고 들지 말아야 한다. 끝까지 인내하고 들어야 한다. 아플수록 좋은 피드백이다. 그리고 피드백 후에는 감사의 말을 잊지 말아야 한다.

5. 피드백을 기억하고 웬만하면 기록할 것을 권한다. 피드백을 받아들이지 않는 멘티를 어떤 멘토가 좋아하겠는가?

6. 직급이 올라가면 반드시 멘토를 자청하라. 멘토링을 하며 스스로를 돌아볼 수 있다.

위의 방법으로 나를 정확히 이해하면 나의 행동에 변화가 따라올 것이다. 더 나은 행동으로 변화가 일어난 직원들은 금방 눈에 띈다. 그런 행동이 지속적으로 일어나면 주변 사람들의 눈에 긍정적으로 각인된다. 바로 이 긍정적 각인이 내 미래의 견인차인 것이다.

이모, 밥 언제
나와요?

빨리빨리? 권한위임 맞아?

"위임했다고 어떻게 손 놓고 있나? 당연히 계속 들여다봐야지. 만약에 실수하면 내가 다 책임져야 하고 무엇보다 조직에 중대한 해를 입힐 수도 있는데. 회사 경영진은 자꾸만 직원들 믿고 권한을 위임하라고 떠드는데, 요즘 친구들 역량은 알고나 그러는 건지. 나 원 참."

많이 들어본 말이고 충분히 공감할 수 있는 말이다.

박위임(가명) 부장: 김 대리, 내가 그제 시킨 일은 어떻게 되고 있나?

김수임(가명) 대리: (벌써?)아…… 네…… 지금 안 그래도……

박위임 부장: 김 대리, 내가 말하지 않아도 지금쯤이면 알아서 보고해야 되지 않나? 어떻게 진행되는지 알아야 내가 또 가이드를 줄 것 아닌가…… 내가 분명히 자네에게 위임한다고 했는데…… 그럼 보고도 알아서 해야지.

김수임 대리: 전 부장님이 다음 주까지라고 말씀하셔서…… 지시하신 지 이제 이틀밖에 되지 않았습니다. 그래서 전 아직 시간 여유가 있다고……

박위임 부장: 왜? 다음 주에 폭탄 던지듯이 디밀게? 그때 가서 내용이 부실하면 어떡할 거야? 그때 일주일 시간을 더 줘야 하나? 도대체 직장생활을 5년이나 한 사람이 왜 이렇게 요령이 없어?

김수임 대리: (아니 나한테 맡기고 다음 주 월요일에 제출하면 된다고 했잖아. 근데 벌써 보고하라고. 이렇게 일일이 알고 싶고 불안해할 거면 그냥 A부터 Z까지 다 지시하고 보고받지 그랬어!)네, 부장님. 알겠습니다. 곧 보고 드리겠습니다.

박위임 부장: (이런 친구들한테 권한위임을 하라고!)그래.

김수임 대리: (말로만 권한위임 지친다, 지쳐……)그럼, 가보겠습니다.

한국 문화의 진수는 뭐니 뭐니 해도 '빨리빨리'가 아닐까? 전 세계 어느 나라에서도 찾아볼 수 없는 압도적인 스피드. 스마트폰을 사자마자 새로운 버전이 나오는 신세계, 빨라도 너무 빠른 거 아닌가?

"이모, 밥 언제 나와요?"

말끔하게 차려입은 신사가 외친다. 식당에 들어와 주문한 지 채 5분이 되지 않았다.

어림잡아 150번 이상 해외출장을 다녔지만 해외에서 식사를 재촉하는 걸 본 적이 거의 없다. 재촉해도 소용없다. 식사시간은 보통 한 시간 이상 충분히 지속된다. 음료부터 주문하고 천천히 마시며 순차적으로 나오는 음식을 먹는다. 한국과 비슷하게 속도로 경쟁하는 나라로는 중국 정도가 있다. '콰이라(快拉)'라고 해서 우리의 '빨리빨리'와 비슷하다.

과거 경부고속도로 공기는 전설이 되었다. 착공한 지 불과 2년 5개월 만에 그것도 당초계획 대비 1년을 앞당겼다. 건설을 위해 수많은 중장비, 인력, 그리고 군 장병까지 동원됐다. 국가의 대동맥을 잇는 작업이었고 희생도 많았지만 결국 해냈다. 그것도 빠르게 말이다. 빠르지 않으면 살아남을 수 없었던 한국의 근대사를 관통하며 우리 문화 전반에 '속도'는 주요한 키워드가 되었다.

기업도 예외가 아니다. 위에 소개한 대화는 지금 이 시간에도 벌어지고 있다. 식당에서 주문하고 1~2분도 안 돼 음식이 나와야 하는 걸 감안하면 무려 이틀을 기다려준 박 부장에게는 인내심 대상을 시상해야 할지도 모르겠다. 어쨌든 이런 대화가 자주 일어나는 이유는 무엇일까?

권한위임의 기술

답을 찾기 위해 지금부터 '권한위임'이라고 불리는 고난이도의 리더십 기술에 대해 알아보겠다. 권한위임은 구체적으로 무엇을 어떤 프레임으로 할 것인지 정교한 설계를 할 때 비로소 완성된다. 단순히 일을 맡기는 것은 권한위임이라고 보기 힘들다. 너무나 피상적이어서 오해가 수반되고 오히려 좌절을 가져오는 경우가 많다.

리더가 직원에게 권한을 위임한다는 것은 어떤 의미인가? 결과물이 나올 때까지 기다리는 인내심과 어떤 결과가 나오더라도 놀라지 않을 초인적 용기를 가지고 있다는 뜻이다. 일을 위임하는 것은 위임을 받은 상대를 해당 업무의 주인으로 인식한다는 중요한 전제하에 가능하다. 일반적으로 주인은 보고할 의무를 갖지 않는다. 일을 더 잘하기 위해 자발적으로 조언이나 컨설팅을 받을 수는 있다. 이것도 주인의 몫이다.

회사에서는 권한위임을 하고도 끝없이 관여하고 간섭하는 것을 잊지 않는다. 권한위임이 중요하다고들 하니 그렇게 하지 않으면 나쁜 상사가 될 것 같은 불안감에 형식적으로라도 행한다. 하지만 이런 행위는 권한위임의 핵심을 이해하지 못하기 때문에 나타난다. 권한위임의 이득을 알지 못하는 게 문제의 시작인 것이다.

권한위임은 리더가 생존할 수 있는 중요한 기술 혹은 전술이다. 리더가 직원들을 못 믿어 일을 맡기지 못하면 결국 리더의 짐만 많아진다. 리더가 현업에 매몰될 수밖에 없기 때문이다. 조직에서 리더는 회사의 미래 먹거리까지 확보해야 하는 사명을 부여받는다. 미래를 고민할 시간을 갖지 못하면 결국 생존하지 못하는 것이다. 모름지기 리더는 발은 땅에 딛고 있어도 머리는 미래를 향해 달려가고 있어야 한다.

먼저 무엇을 위임할지 살펴보자.

1. 직원들의 역량을 조금 더 높일 수 있는 난이도의 업무
2. 지속적으로 반복되는 일
3. 일시적으로 진행되는 프로젝트성 업무

일단 직원의 역량에 맞거나 역량을 테스트할 수 있는 업무를 위임해야 한다. 계속해서 허접한 업무만 넘겨받으면 그 직원은 딴 맘을 먹게 된다. 내가 이 회사에서 영향력을 행사할 방법은 요원하다는 생각을 하게 되는 것이다.

권한위임 설계에서 중요한 또 한 가지는 프레임 설정이다. 이 프레임은 업무 진행 전에 이뤄지는 상호 협의와 합의를 말한다.

│ │ **일의 중요성 인식**

이 일을 해냈을 때 해당 직원, 우리 팀 더 나아가 우리 회사에 어떤 의미가 있는지를 알아야 한다.

2 | 정확한 타임라인

꼼꼼히 설계하고 가급적 합의를 시도해야 한다. 그래야 책임감이 함께 따라온다. 처음 하는 업무는 리더가 시간 프레임을 짜주는 것이 보통이지만 그래도 직원의 생각을 들어보는 게 좋다. 그러면 직원이 그 일을 어떻게 생각하는지 알 수 있다. 자신감이 있는지, 불안해하는지를 파악하는 것은 무척 중요하다.

3 | 중간보고에 대한 합의

엄밀히 보면, 믿고 완전히 맡긴다는 것은 결과만을 따지겠다는 것을 의미한다. 하지만 경험이 적은 직원의 경우 실수를 줄이기 위해 중간보고를 받는 것이 좋다. 직원 역시 실수를 하고 싶지는 않을 것이다. 중간보고를 요청할 때 '당신을 믿을 수가 없어'라는 뉘앙스는 주지 않도록 한다. 언제쯤 보고할 수 있겠는지 먼저 물어봐야 한다. 누구든 주도적으로 합의한 것에 대해서는 책임감을 느끼고 추진력 또한 강해진다.

4 | 기대되는 역량강화

해당 업무를 하면서 리더인 당신이 바라는 역량을 설명해주는 것이 좋다. 그것이 자신감인지, 조직에서의 인지도 상승인지, 향후 리더가 되기 위한 리더십 훈련인지를 알려줘야 한다. '일해서 상사에게 준다'는 느낌이 아닌 이문이 남는 장사임을 스스로 느끼게끔 만들어야 한다. 그러니 일을 툭 던지며 그냥 '잘할 수 있지' 하고 미소 짓는 일은 없기 바란다.

이 일은 당신이 사장

필자의 전체 경력에서 60퍼센트는 상품기획 업무였다. 상품기획에 대해 누구보다 전문성이 있다고 자부했고, 그만큼 시장과 소비자를 파악하는 데 시간을 많이 할애했다. 하지만 나이가 마흔이 넘어서면서 직원들에게 이렇게 선언했다. 직원 여러분이 이 기획의 주인이고, 나는 일일이 관여하지 않겠다고. 직원 여러분이 주도적으로 자신 있게 이끌고 다만 내 도움이 필요할 때는 언제든 말하라고.

직원들이 완벽히 준비된 기획자여서 그랬던 게 아니다. 시행착오도 많았지만 직원들은 실수를 인정하고 반성하며 스스로 고쳐나갔다. 그들은 지금도 최강의 기획자로 자기 몫을 충실히 수행하고 있다. 그렇다면 리더로서 남는 시간에는 무엇을 했을까?

시장과 경쟁사 분석을 위해 지속적으로 시간을 투자했다. 경쟁사 본사에도 잠입하고 경쟁사 매장 점장들과도 친분을 쌓았다. 내가 스스로 가질 수 없는 통찰력을 이런 관계를 통해서 얻어냈다. 또 경쟁사 리더들과 자리를 함께하면서 그들의 혜안을 훔쳤다. 권한위임을 통해 과감히 현업의 족쇄를 끊고 미래 먹거리를 찾아 나섰던 것이다. 그 과정에서 직원들은 주인의식을 가졌고 그러면서 상호 신뢰가 형성되었다.

우리 눈에 한참 부족해 보이는 신세대도 결국은 지금의 내 자리를 승계하고 회사의 성장을 이끌어내야 한다. 그들의 역량을 시험하고 미래의 리더로 성장시키는 데 있어 권한위임만큼 훌륭한 도구는 없다. 최대한 많이 위임하여 최대한 빨리 실패를 경험하게 만들어야 한다. 그러면서 지지와 격려 그리고 신뢰를 건네라. 권한위임보다 더 큰 동기부여는 없으니 이는 반드시 조직성장의 훌륭한 밑거름이 될 것이다.

손님,
여기에 성함을 적어주시면 됩니다.

아뿔싸,
살생부〔殺生簿〕!

리더의 'R'

스트레스 보상으로 받는 급여

결정장애, 74년생 김 상무

예측할 수 없고 통제하기 어려운 변수가 점점 많아진다. 하루가 멀다고 터져 나오는 문제들, 우리의 미래를 위협하는 요소들. 이 와중에 리더는 끊임없이 결정을 내려야 한다. 이것이 리더의 존재 이유고 높은 급여를 받는 이유다. 실무자였을 때와는 상황이 판이하고 결정은 반드시 책임이 따른다. 책임을 진다는 것은 참으로 어렵고 고단한 일이다.

대략 10년 이상 실무를 하다가 이제 결정하는 자리에 오른 70년대생 리더의 스트레스는 상당할 것이다. 미국 대통령 가운데 소위 '결정장애' 때문에 비난을 받은 인물이 있다. 그는 다름 아닌 빌 클린턴(Bill Clinton)이다. 미디어가 주로 썼던 용어는 'Indecisiveness'

였다. 말 그대로 결정을 내리지 못하는 '우유부단'을 뜻한다. 리더로서 이런 평가를 받는 것은 매우 불쾌한 일이다. 결정을 잘못 내리는 일은 그렇다 쳐도 우유부단해서 결정을 못 내린다는 것은 뭔가 문제가 심각하게 느껴진다.

그렇다면 리더의 결정을 어렵게 만드는 요인은 무엇이며 그 해결책은 무엇인가?

이성실(가명) 과장: 상무님, 어제 보고한 문서 결재 부탁드립니다. 지난번에 한번 말씀드렸던 모델별, 색상별 예측 수량 그리고 마진 계획입니다.

김미정(가명) 상무: 아…… 어제 보긴 했는데…… 이거 지금 결재해야 하나? 내가 지금 좀 바쁜데. 곧 나가봐야 하고……

이성실 과장: (딱 보니 모레는 돼야 결재하겠네)상무님 좀 급하긴 한데…… (도대체 언제쯤이나 제때제때 결재하려나)그럼 보시고 내일까지는 결재 부탁드립니다.

어떤가, 김미정 상무에게 문제가 있어 보이는가? 김 상무의 입장을 들어보자.

필자: 상무님, 바쁘신데 죄송합니다. 저는 임원 리더십 진단을 맡고 있는 캠프코리아 박중근 대표입니다. 지난번 다면평가 진행도 저희 회사가 진행했습니다.

김미정 상무: 반갑습니다, 박 대표님. 안 그래도 인사부에서 오늘 대표님과의 미팅을 미리 안내하더라고요.

필자: 네. 회사 발전을 위해 많은 기여를 하고 계시고, 상당히 빠르게 상무로 진급하신 능력 있는 분이라고 인사부에서 소개해줬습니다. 정말 만나 뵙게 돼 영광입니다.

김미정 상무: 과찬입니다. 아직 배워야 할 게 많습니다. 아마 오늘 미팅도 그것 때문인 것으로 알고 있습니다.

필자: 겸손하시네요. 자, 둘러말하지 않겠습니다. 불편하시겠지만 직원 대상으로 실시했던 상무님에 대한 평가 결과를 가감 없이 말씀드리겠습니다. 사실 좋은 평가가 너무 많아서 처음에는 왜 이런 피드백 시간을 갖나 했는데, 한 가지 걸리는 게 있었습니다. 다름이 아니라 상무님과 일하는 직원들이 상무님에게 '결정장애'가 있다고 피드백 했습니다. 이 피드백에 대한 상무님의 의견을 들어보고 싶습니다.

김미정 상무: 음…… 글쎄요. 좀 당황스럽네요. 전 제때에 결정해주고 있다고 생각했는데…… 그것 참…… 물론 완벽했다는 건 아닙니다. 박 대표님도 조직생활을 해보셨으니 잘 아실 겁니다. 임원들의 하루가 얼마나 정신없이 돌아가는지. 저 역시 대표 미팅, 타 임원과의 미팅, 외부 미팅 등 수많은 미팅을 돌아야 합니다. 다녀와 한가득 쌓인 결재 건들을 보면 가슴이 답답하긴 합니다. 그렇다고 안 보는 건 절대 아닙니다. 내가 지시한 게 이렇게 많았나 싶기도 하고…… 담당자들을 다 불

러서 일일이 확인하려니 쉽지 않고, 그러다 보니 조금씩 밀리는 경향이 있긴 했습니다.

필자: 네, 저도 조직생활을 오래 해봐서 충분히 이해는 됩니다.

김미정 상무: 그렇죠. 직원들도 제 사정을 뻔히 압니다. 아쉽게도 저는 직원들의 접근 방식에 문제가 있다고 봅니다. (짜증) 그 뭐야, 엘리베이터 톡이니 복도 톡이니 탕비실 톡이니 수많은 방법들이 있어서 정말 필요하다면 좀 더 적극적으로 임할 수 있잖아요. 내 사정 뻔히 알면서 결재를 늦게 해준다, 결정장애다 말하는 것은 좀 서운하네요. 그리고 똘똘한 친구들은 설명을 곁들인 메모를 건네주기도 하는데 그런 경우는 금방 승인을 해줍니다. 요즘 젊은 친구들 너무 자기 위주 아닌가요?

필자: 상무님 말씀은 직원들도 적극적으로 방법을 모색해야 한다는 의미네요. 알겠습니다. 충분히 공감은 가는데요, 직원들의 불만도 상당히 많다는 것을 고려해볼 때 상무님도 좀 변해야 하지 않을까 싶습니다.

1. 결재의 우선순위를 정하라. 요즘은 온라인 결재를 많이 하지만 중요도나 상사의 스타일에 따라 여전히 아날로그 방식이 공존한다. 결재함을 따로 마련하여 부재 시 직원들이 놓고 가도록 만들고, 모든 문서는 '상중하'로 중요도를 구분하도록 지시해야 한다.

2. 아날로그를 선호하는 자세를 바꿔라. 이제는 디지털화된 업무역량을 갖춘 리더를 원한다. 리더는 어떤 상황에서도 일이 진행되도록 적극 도움을 줘야 한다. 기업에서 리더의 시간은 매우 중요하지만 직원들의 시간도 중요하다.

3. 움직이면서도 결재할 수 있는 준비를 하라. 급하게 나갈 일이 있다면, 가령 차량까지 함께 가는 짧은 시간을 적극 활용할 수도 있다.

4. 구체적으로 피드백 하고 승인이 빠르게 나는 방법을 미리 교육하라. 즉, 합리적이라고 인정받을 만한 범위 내에서 자신의 스타일을 명확하게 보여줘야 한다.

5. 같은 내용을 계속 설명하게 만들지 말고 중요한 것들은 메모하고 기억하라.

필자: 위의 내용을 직원들과 명확하게 공유하시면 전반적으로 업무진행에 속도가 붙을 겁니다. 오늘 귀한 시간 내주셔서 감사합니다.

오진은 금물

1. 지금 당신이 속한 팀의 상사에게 결정장애가 나타나고 있는가?

2. 급수는 어느 정도 되는가?

3. 계속 반복되는 일인가?

4. 당신은 상사의 결정장애를 개선하기 위해 어떤 노력을 했는가?

결정장애가 나타나는 이유는 확실한 답을 모르기 때문일 수도, 습관일 수도, 여러분이 제대로 된 무언가를 가져오기를 기다리는 것일 수도 있다. 단순하게 결정을 내리지 못한다고만 볼 것이 아니라 부족한 무엇이 채워지기를 기다리는 건 아닌지 잘 생각해봐야 한다. 아무리 뛰어나고 노련한 상사라 해도 모든 상황에 대비한 해결책을 가지고 있지는 못하기 때문이다. 반대로 부하직원이 아직 신입이고 경력이 짧다 해도 더 훌륭한 해결책을 낼 수도 있다. 많은 직원을 거느리고 부딪쳐야 하는 상사들보다 오히려 부하직원이 문제를 고민해볼 시간이 더 많을지도 모른다.

결재가 계속 보류된다며 섣불리 결정장애 진단을 내리지는 말자. 오히려 스스로를 어필할 수 있는 좋은 기회로 삼을 수 있다. 급한 결재일수록 먼저 다가가 이렇게 물어라.

· 제가 결재하시는 데 도움 드릴 일이 있을까요?

· 혹시 서류에 부족한 부분이 있나요?

"급한데 빨리 결재해주시면 안 되나요?" 이런 결례는 범하지 않기를 바란다.

당신이 왜 이 성적을
받는지 진짜 몰라?

설왕설래하다

인사고과 시즌이 다가오면 모두가 예민해지고 수많은 '뒷담화'가 난무한다. 인사고과는 연봉, 보너스, 진급과 직결되기 때문이다. 과거 상사가 일방적으로 주는 대로 받던 고과의 시대는 저물고 이제는 주장, 설득, 논쟁이 오가는 상황으로 바뀌었다.

· 제가 왜 이 점수를 받아야 합니까?
· 제가 얼마나 열심히 일했는지 모르십니까?
· 이런 평가는 절대로 인정할 수 없습니다.
· 인사부서와 직접 상담하고 싶습니다.

하지만 평가자는 속으로 이렇게 말한다.

'당신이 왜 이 성적을 받는지 진짜 몰라?'

90년대생 직원들은 모른다. 정말 모른다. 왜 이 따위 점수를 받아야 하는지 납득이 되지 않는다. 꼭 90년대생이 아니어도 마찬가지다. 이런 끝도 없는 논쟁을 왜 하고 있는가? 리더들에게 부탁한다. 더 이상 이런 불필요한 논쟁에 얽히지 말라고.

먼저 인사고과를 어떤 관점으로 바라보고 있는지, 스스로에게 물어야 한다. 잠시만 하던 일을 멈추고 생각해보길 바란다. 답이 나오는가? 그냥 해왔던 일을 한다는 것 외에는 다른 답이 떠오르지 않는가? 이제부터 그 답을 찾아보자.

복수의 화신

납득이 되지 않는 피평가자는 몹시 당황스럽겠지만 반년 혹은 일년 내내 이날만을 기다리고 기다렸던 상사의 입장에서는 드디어 복수할 기회가 찾아왔다. 이 얼마나 기쁜 날인가!

물론 이런 기회가 결코 편한 건 아니다. 승복하지 않는 피평가자의 항소가 기다리기 때문이다. 대법원 최종심이라고 할 수 있는 사내 인사부서 혹은 대표까지 가는 경우도 종종 보게 된다. 그렇다고 피평가자 모두가 대법원 상고에서 승리하는 것은 아니다. 복수의

길을 내려면 먼저 꼬불꼬불하고 진흙투성이며 큰 산으로 막힌 난관을 뚫어야 한
다. 서로의 성장을 돕는 '사회적 기술(Social Skill)'도 이와 같다. 분명 쉽지 않지
만 그 대가는 무척 크다. 평가자와 피평가자 모두가 즐거운, 축제 같은 인사고과
시즌을 고대한다.

칼을 갈며 평가의 날만을 기다려온 평가자를 이기는 일은 그리 쉽지 않다. 그동안 상사는 치밀하게 데스노트(?)에 직원들의 잘잘못을 기록해왔을 것이다. 이런 기록이 남아 있다면 차라리 낫다. 아무 기록 없이 불복에 대응하려면 참으로 심각한 상황이 초래된다. 심증만으로 싸워야 하기 때문이다.

2017년 7월 《한겨레신문》이 조사한 인사고과 관련 설문에 따르면 설문 참가자 대부분이 인사고과를 부정적으로 평가했다. 부문별로 보면 평가기준의 합리성(36.6%), 평가과정의 투명성(38.6%), 평가결과의 공정성(36.9%) 등에서 긍정이 모두 40퍼센트에 미달했다. 이같이 응답한 이유에 대해서는 사내정치에 좌우(59%), 개인 이미지 위주 평가(41%), 연공서열(36%), 온정주의 평가(28%) 순으로 답했다.

인사고과는 축제

자, 이제 합리적 의심으로 가득 찬 피평가자들과 어떻게 이 문제를 풀어야 할지 이야기해보자. 마땅히 성장의 기회가 돼야 할 인사고과가 왜 더 큰 앙금을 남기는 불편한 사건이 될 수밖에 없는지, 문제점과 함께 평가자, 피평가자 각각의 입장을 짚어보자.

１ | 상사는 부하직원의 자기중심적인 행동에 일 년 동안 상처받은 상태이고 중립성을 잃었다.

- 평가자 입장: 요즘 신입들은 예전보다 조직에 대한 충성심이 없다. 한 마디로 자기중심적이다. 회사에 유흥비를 벌려고 나오는 것 같다. 또 조금도 손해 보지 않으려고 한다.
- 피평가자 입장: 지금이 조선시대도 아니고 독립운동 하던 시대도 아닌데 왜 자꾸 충성을 강요하는 거지? 내 꿈은 높은 자리에 오르는 것도 아니고, 사규대로 계약대로 행동했는데 그게 왜 문제가 되는 거지? 그리고 사람은 결국 다 자기중심적이지 않나? 부장님도 결국은 자기성과를 위해 지시하고 잔소리하고 그러는 거 아니냐고!

사실 리더들의 마음속엔 이런 편견이 가득하다. 어쩌면 기본적으로 깔고 가는 '디폴트(Default)' 값인지 모른다. 이런 편견에 들어맞는 행동이 나올 때마다 크고 작은 상처를 받게 된다. 상처라고 굳이 표현하지 않아도 실망과 불편함이 전두엽을 강타하는 것만큼은 엄연한 사실이다.

하지만 90년대생의 성장배경을 이해할 필요가 있다. 아마 70년대생 리더들 가운데 일부는 90년대에 태어난 자녀가 있을 것이다. 자신이 자녀들을 어떻게 키웠는지 복기해보라. 성장의 과정에서 사회적 분위기는 어땠는지 기억해보라. 지금의 90년대생은 철저히 맞춤형으로 자랐다. 새로운 변화를 주기보다는 사회 분위기에 맞춘 타협 위주로 교육시킨 것이다. 자녀들을 사회가 원하는 좋은 '스펙'으로 무장시키기 위해서는 남들이 하는 대로 따라 해야 속도를 낼 수 있기 때문이다.

자기중심적인 것이 하나도 이상하지 않는 세대에게 자기중심적이라고 손가락질하면 허탈해진다. 그들의 말과 행동에는 합당한 이유가 있다. 그 이유를 알아보는 시간을 자주 만들어보라. 속내를 들으면 어떤 반응을 취해야 할지 판단이 설 것이다. 앞서 언급했던 사이먼 사이넥이 분석한 신세대 성장 환경 및 특징을 다시 참조하라.

2 | 왜곡된 기억이 많다.

· 평가자 입장: 내 기억이 확실하다. 내가 그것도 기억 못 할
까봐? 내가 이 자리까지 '가위바위보' 해서 올라온 사람이
아니야.
· 피평가자 입장: 앞으로 부장님 말씀을 모두 녹음해야겠어
요. 왜 안 한 일을 했다고 하시나요. 저는 그런 적 없습니다.

중국 속담에 '희미한 연필이 또렷한 기억보다 낫다'란 말이 있다. 인간의 기억은 여러 가지 상황으로 인해 쉽게 더해지고 빠지면서 왜곡이 일어난다. 여기에 자신의 믿음까지 더해져 없던 사실까지 한 것으로 생산해내는 경우를 우리 스스로 경험하고 있다. 인사고과의 투명성을 위해서는 주요 사건들을 정확하게 실시간으로 기록하는 일이 매우 중요하다. 문제가 되는 행동과 태도가 발견되면 기록하라. 신뢰 가는 자료를 가지고 행동의 변화를 요구할 때 받아들

여질 가능성이 훨씬 높다.

3 │ 인사고과는 '평가의 자리'라고 생각하는 믿음이 강하다.

· 평가자 입장: 잘한 점도 있지만 부족한 점을 확실히 지적하
  고 넘어가야 다음에 이런 일이 다시 발생하지 않겠지.
· 피평가자 입장: 이번엔 어떤 이야기로 트집을 잡을까? 높은
  평가 안 주려고 별소리를 다 하겠지?

인사고과는 '평가의 자리'가 아니라 '성장의 자리'다. 서로 동의할
수 있도록 충분히 소통했는가? 거기에 걸맞게 준비했는가? 인사고
과는 단순히 지난 일들을 지적하는 일이 아니다. 부족한 점을 개선
하는 것이 서로의 성장에 어떤 영향을 주는지, '빅 픽처(Big Picture)'
관점으로 접근해야 한다. 마음에 들지 않는 태도나 버르장머리를
고치겠다는 식은 피평가자에게 받아들여지지 않는다. 몰라서 잘못
을 저지를 수도 있지만 대개 피평가자 본인만의 논리를 바탕으로
행동하다가 문제가 발생하는 것이다. 앞으로도 계속 새로운 논리를
개발하고 자신만의 방식으로 일할 가능성이 크다. 논리와 검색으로
무장한 90년대생의 특징이다.

4 | 이 불편한 순간을 빨리 끝내고 싶다.

- 평가자 입장: 인사고과는 안 하면 안 되나? 이번에도 짜증 내면서 꼬박꼬박 반박하겠지. 요즘은 아예 안 하는 회사도 있다던데.
- 피평가자 입장: 인사고과는 안 하면 안 되나? 어차피 부장님 맘대로 다 결정해서 줄 거면서. 뭐라 반박하면 대든다, 제멋대로다 하니 짜증 난다.

일 년에 두 번 있는 큰 명절에도 우리는 피로감을 느낀다. 평소 전혀 하지 않던 일을 너무나 큰 규모로 벌여야 한다는 압박이 크다. 별로 원치 않는 형식적인 절차들이 당사자에게 불편함을 준다. 결국 남는 것은 늘어난 몸무게와 피로 누적이다. 인사고과 역시 우리의 명절치레처럼 피곤한 일이다. 한 번에 몰아서 하지 않기를 권한다. 필요한 피드백은 수시로 주고 연말평가 자리는 간단한 총평으로 마무리해도 충분하다. 서로가 좀 더 편하게 받아들일 수 있도록 형식과 주기에 변화를 가져오기 바란다.

길을 내려면 먼저 꼬불꼬불하고 진흙투성이며 큰 산으로 막힌 난관을 뚫어야 한다. 서로의 성장을 돕는 '사회적 기술(Social Skill)'도 이와 같다. 분명 쉽지 않지만 그 대가는 무척 크다. 평가자와 피평가자 모두가 즐거운, 축제 같은 인사고과 시즌을 고대한다.

괴롭힘은 트라우마로
남는다

물지도 따지지도 말고, 카리스마?

'혹독한 리더 아래서 성장하면 훌륭한 리더가 된다'는 어떤 믿음이 있다. 이런 믿음 속에서 성장한 인물들이 꽤 많다. 조직을 위해, 미래를 위해, 이렇게 외치며 세고 거칠게 대했던 과거 나의 선배를 떠올려보자. 남자라면 군대에서 만났던 고참을 떠올려보면 된다.

카리스마로 업적을 이룬 역사적 위인이 혹시 나의 우상으로 자리 잡고 있지는 않은지. 과거에는 특히 이런 위인의 전기를 열독했고 그 방식을 응용하여 조직 장악의 노하우로 삼곤 했다. 70년대생 현재 조직의 리더들이 성장하면서 우상시했던 리더들은 거의 예외 없이 거침없고 단호하고 확신에 찬 사람들이었다. 자신과 다른 견해에는 가차 없이 처벌을 내리는 징벌적 리더가 많았다. 과정보다는 목표가 우선이었던 것이다. 대표적인 인물로 누가 떠오르는가?

- '마누라와 자식 빼고 모두 바꾸라' 하며 변화와 혁신을 이끌었던 삼성 이건희 회장
- 스마트폰 세계를 활짝 열었던 애플 최고경영자 스티브 잡스 (Steve Jobs)
- 500원짜리 지폐 거북선을 담보로 막대한 돈을 빌려왔고, 가성비의 끝판왕 경부고속도로를 건설했던 현대 정주영 회장
- '세계 1위 또는 2위가 될 수 없는 사업은 철수한다'는 원칙으로 GE의 부활에 앞장섰던 잭 웰치(Jack Welch) 회장

이견이 있을 수 있지만 위에 언급한 인물들은 공통적으로 카리스마를 상징한다. 거침없이 자신의 생각을 펼치고 생각이 맞지 않는 사람들과 함께하지 않는 성격의 인물들로 알려져 있다. 이들이라고 어찌 인간적인 면이 없었겠는가. 하지만 회사경영이라는 관점에서 상당히 단호했던 사람들이었던 것은 사실이다. 또 실제로 회사를 성장시키고 더 나아가 국가 이미지까지 끌어올렸으니 누가 그들에게 반기를 들 수 있겠는가.

위의 인물들은 모두 유명을 달리했다. 이제 추억의 리더가 되었지만 그들이 남긴 유산이 아직도 리더십의 척도가 되고 있다는 점에서는 여전히 살아 숨 쉬고 있다. 다만 달라진 시대, 새로운 세대에게 존경할 만한 인물로 무조건 내세우기에는 좀 부담스러운 게 사

실이다.

요즘 젊은 세대에게 어떤 경영인을 존경하는지 물으면 각자 다른 답이 나온다. 위 인물들이 언급되는 경우는 드문데, 지금의 젊은 친구들이 아주 어릴 때 왕성하게 활동하던 인물들이라서 어쩌면 당연하다.

· 매연과 내연기관의 상징, 자동차의 새로운 미래를 보여주고 있는 전기자동차 생산회사 테슬라. 과거 테슬라 투자자로 참여해 지금은 최고경영자가 되었고, 올해 민간우주항공사 '스페이스 X'로 인간을 화성으로 이주시키겠다는 야심찬 목표를 발표해 세간의 주목을 받았으며, '최소한 공공장소에서는 모욕을 주지 않는 스티브 잡스'란 별명도 있지만 직원들에게 지속적인 공감능력을 보여주며 2017년 글래스도어(Glass Door) 랭킹에서 무려 직원 98퍼센트(참고로 당시 평균지지율은 67퍼센트)의 지지를 받으며 '존경하는 최고경영자 Top10'에 오른 일론 머스크(Elon Musk)

· 이제 전 세계인의 삶에서 없어서는 안 될 소통 도구가 된 페이스북. '더 열린 세상, 더 연결된 세상'이란 사명으로 회사를 창업하고 일반 최고경영자와는 달리 자신의 독립된 집무실 대신 직원과 함께 작은 책상을 쓰는 페이스북 창업자 마크 주커버그(Mark Zuckerberg)

젊은 세대는 카리스마 하나로 거대한 기업을 이끌던 인물보다는 발 빠르게 새로운 관점을 제시하면서 우리 삶에 변화를 만드는 인물에게 매료되는 것 같다.

젊은이들이 아침에 눈을 뜨는 순간부터 밤에 눈을 감기 전까지 보는 웹툰의 인기비결. 이것과 새로운 세대가 좋아하는 최고경영자 사이에는 연결고리가 있다. 어느 웹툰 행사에서 웹툰의 성장비결에 대한 질문에 업계 관계자가 답했던 말이 떠오른다. "웹툰은 빠르고 직접적인 독자 피드백을 반영하며 성장하고 있다. 작가 입장에서는 팬들의 반응을 바로 확인할 수 있어 좋고, 독자 입장에서는 자신의 목소리가 작품에 반영되는 경우가 많아 상호 긍정적이다." 과연 일맥상통하지 않나?

새 술은 새 부대에

분명 시대는 변하고 있다. 세대가 바뀌고 있다. 아직도 변하지 않는 진리처럼 믿는 '혹독한 리더 아래서 성장하면 훌륭한 리더가 된다'는 명제를 의문형으로 바꿔보면 어떨까.

· 혹독한 리더 아래서 성장하면 모두 훌륭한 리더가 되는 것인가?
· 혹독한 리더 아래서 성장하면 그 과정에서 받은 상처는 누구의 몫인가?

· 혹독한 리더 아래서 성장하면 그 훌륭하다는 '혹독한 리더'가 되는 것은 아닌가?
· 혹독한 리더는 과연 누구를 위해, 무엇을 위해 혹독한 것인가?
· 혹독하지 않으면 성장하지 못하는 것인가?

안타깝게도 철인3종 유망주가 극단적인 선택을 한 사건이 있었다. 철인3종은 종목자체가 혹독하다. 사실 수없이 많은 스포츠 가운데 인간의 극한을 테스트하는 종목은 그리 많지 않다. 따라서 이런 극한을 견뎌내고 우승하기 위해서는 극단적으로 선수를 다뤄야 한다는 믿음이 있었던 걸까. 감독, 코치, 선배가 하나같이 작은 꼬투리를 잡아서 훈육이라는 명목하에 선수의 인격을 모욕하고 손찌검을 했으니 말이다.

"비록 지금 너희들이 억울해도 나 역시 선수 시절에 이런 과정을 거쳤기에 이 자리까지 올라온 것이다. 너희들도 같은 방식의 훈육을 받아야만 좋은 선수가 되고 이 자리에 올라올 수 있다." 선수의 죽음 앞에서도 이렇게 말하며 정당성을 주장할 것인가?

빨치산은 목적지로 이동할 때 중간 중간에 있는 마을을 최대한 빠르게 지나갔다고 한다. 사람이 있는 마을에 머물게 되면 마음이 약해지기 때문이다. 계속해서 크고 작은 전투를 하면서 적을 교란시키려면 마음이 물러져서는 안 된다고 믿었다.

그러나 반드시 마음조차 혹독하게 단련해야만 목적을 달성할 수 있다는 말인가?

인간이 철을 다루게 되면서 역사는 급속도록 진화했다. 잘 알다시피 단단한 무쇠를 더욱 강하게 만들기 위해서는 뜨거운 불에 달구고 다시 물에 넣고 망치질하는 과정을 거듭 거쳐야 한다.

그동안 철이 단단함의 대명사였는데 이제는 철 이외의 물질이 거론된다. 자동차나 항공기에 많이 쓰이는 '탄소섬유(Carbon Fiber)'나 총알도 뚫지 못한다는 듀퐁(Dupont)사의 '케블라(Kevlar)'는 어떤가?

대개 남자는 20대 초반에 군에 입대한다. 20대는 신체상 발육은 끝났는지 몰라도 사고는 더 성숙해야 하는 시기다. 신체는 단련하면 단련할수록 더욱 강해진다는 논리로 혹독한 훈련을 시키는 곳이 군대다. 분단 상황은 이런 논리를 더욱 견고하게 만든다. 선택이 아닌 강제로라도 단련하는 신체는 분명 더 단단해질 것이다.

하지만 그 속에 담긴 정신은 과연 얼마나 돌아보고 있는 것일까? 한국전쟁이나 베트남전쟁에 참전했던 군인들이 전후 정신적 트라우마를 겪는다는 이야기를 종종 듣게 된다. 어린 나이에 사람을 잔인하게 죽이도록 명령받고 그 명령을 무조건 이행해야만 했던 충격과 상처가 얼마나 깊을까?

혹독한 환경을 견뎌내려면 더욱 혹독해져야만 하는 것인가? 왜 기성세대는 아직도 계속해서 강한 리더십만 주장하는가? 문득 세계적인 베스트셀러 『성경』 속 문구가 떠오른다.

"새 술은 새 부대에."

입은 하나, 귀는 둘.
진심을 담아 많이 듣는 동시에
버릴 것은 과감히 버리면서 균형감을 찾을 것.
양만큼 질도 중요하기에.

리더의
7.

Chapter 6

듣기를 내 목숨처럼
여겨라

기업교육 중 '코칭'은 조직의 구성원이 성장하도록 돕는 여러 방법들 가운데 가장 지속가능성이 높다는 평을 받는다. 코칭에 대해서는 뒤에서 더 자세하게 다룰 것인데, 문제 해결을 위한 도구로써의 '경청'을 먼저 짚어보겠다.

구성원의 행동 변화와 성장을 이끌 단서를 찾는 방법이 적극적인 듣기, 바로 '경청'이다. 경청의 영향력이 미치는 범위는 국가 간 분쟁 해결부터 기업의 지속적인 성장, 개인의 성과 향상까지 대단히 넓다. 우선 경청을 강조한 인물 사례를 살펴보자.

휴 엘리엇(Hugh Elliot, 영국 외교관, 1752~1830)

200~300년 전 유럽은 다양한 민족 간 이해관계가 얽히고설켜 끊임

없이 분쟁이 발생했다. 그만큼 각국의 지도자는 충성심 강하고 협상에 능한 외교관을 중용했다. 그중 영국의 휴 엘리엇은 여러 나라와의 분쟁을 조정하면서 가장 큰 명성을 쌓았다. 전쟁에서 싸우지 않고 이기는 것이 최고의 승리라는 믿음이 있었기에 가능했던 일이다.

Listen. Don't have an opinion while you listen because frankly, your opinion doesn't hold much water outside of your universe. Just listen. Listen until their brain has been twisted like a dripping towel and what they have to say is all over the floor.

경청하라. 경청할 때는 의견을 내지 마라. 솔직히 당신의 의견은 상대에게 적용되지 않는다. 경청하라. 상대가 머릿속에 든 모든 생각을 젖은 수건을 비틀어 물을 짜내듯 다 쏟아내고 바닥이 흥건해질 정도로.

휴 엘리엇이 남긴 유명한 말인데, 듣기의 정도를 단순히 귀를 여는 정도로 생각하지 않는다는 점에 주목해야 한다. 사람은 누구나 자신의 견해와 경험을 내세워 문제를 풀어나가기 마련이다. 하지만 그는 자신의 생각과 의견 모두 차단한 채 무조건 들으라고 강조한다. 이 말은 당시 좋은 대학을 나온 귀족 자제들 중심으로 외교관이 되던 관행에 아쉬움을 나타내며 변화를 촉구한 의미도 내포하고 있다. 나라마다 역사와 처한 사정이 다르고 당사자들의 이해 수준도

천차만별이라 출신 성분만으로는 훌륭한 외교관이 될 수 없다는 것이다.

허버트 켈러허(Herbert Kelleher, 사우스웨스트항공 창립자, 1931~2019)

미국은 매년 10월 16일을 '보스(Boss)의 날'로 기념한다. 지금으로부터 26년 전 그날 미국의 대표 신문 중 하나인 《USA TODAY》에 독특한 전면 광고가 실렸다. 한 중년 신사가 비행기에서 내리고 있는 모습 위로 'Thanks, Herb'라는 문구가 박혀 있었다. 다름 아닌 사우스웨스트항공 허버트 켈러허 회장에게 전하는 감사 광고였다. 전 임직원이 자발적으로 돈을 모아 게재한 광고였다니 참으로 신선한 충격이 아닐 수 없다. 잠시 국내로 눈을 돌려보자면 우리의 회장님들은 지난 세월 부지런히 국회에 불려 다녔고 구속과 출소를 되풀이해왔다. 대한민국을 선진국 대열로 이끄는 선도자 역할을 자처했지만 안타깝게도 부정부패를 양산한 장본인이기도 했으니 위 사례가 부러울 따름이다.

광고는 총 13가지 감사한 마음을 담은 문장으로 구성되었는데, 눈을 번뜩이게 만든 것은 바로 '경청해주셔서 감사하다'라는 말이다. 기업의 규모를 떠나 회장이라는 신분은 크고 무겁기에 아무나 범접할 수 없고 회장들 역시 권위나 위계를 중시하는 사람이 많다. 평생을 재직해도 지척에서 회장 볼 일이 드물고 악수를 하거나 사담할 일은 더구나 없다. 하지만 허버트 켈러허 회장은 평사원과 어깨동무를 하고 즐겁게 술을 마시거나 허심탄회하게 대화를 나누는 사진들을 아주 흔하게 남겼다.

부하직원의 말을 경청하는 것은 문화 이전에 그 사람의 인성이며 품성이다. 자기실현과 존중받고자 하는 욕구가 충족될 때 인간은 최고의 성과를 낸다. 허버트 켈러허 회장은 경청이야말로 '가장 이문이 남는 장사'라는 점을 일찌감치 깨달은 사람이었던 것이다.

스티븐 코비(Steven Covey)는 "대부분의 사람은 상대방을 이해하려는 의도로 듣는 것이 아니라 답하려고 듣고 있다"고 말했다. 필자역시 과거 미팅을 할 때마다 머릿속에는 어떻게든 멋지게 대답해서 존재감을 드러내겠다는 생각밖에 없었다. 오랜 수행의 덕분이었는지 어느 순간 내가 말이 많은 사람이고, 남에게 좀처럼 말할 기회를 주지 않는다는 것을 스스로 깨닫게 되었다. 내가 말하고 싶은 만큼 남들도 말하고 싶겠지…….

'달변가', '약장수' 같은 별명 이면에는 말수가 많아 상대방이 말할 기회가 적고 잘 듣지 않는다는 의미가 담겼을 것이다. 지금 생각해보면 상대방의 생각이 부족하다며 그들의 의도보다는 단순히 말의 표면에 집중했던 것 같다. 깨달음 이후 대화를 할 때면 일부러라도 힘을 줘서 입을 굳게 다물고 편안한 미소를 짓는 노력을 해왔다. 늘 입속에서는 백만 가지가 넘는 말들이 세상구경을 나오려고 쏟아질 태세였기 때문이다.

'달변가', '약장수' 같은 별명 이면에는 말수가 많아 상대방이 말할 기회가 적고 잘 듣지 않는다는 의미가 담겼을 것이다.

저 여기에
있습니다

벌서는 중인가?

리더는 늘 바쁘다. 현실과 미래를 오가며 회사의 먹거리를 찾아야 하기 때문이다. 그 와중에 보고받는 일까지 리더의 업무는 늘 산더미처럼 쌓여 있다.

　일반적으로 보고는 사후에 하지만 일의 성격이나 리더의 스타일에 따라서는 중간보고도 이루어진다. 전사 프로젝트의 경우 많은 사람들이 관여하기 때문에 보고의 날짜와 시간을 정하는 일은 매우 중요하다. 리더와 부하직원 사이 일대일 형식의 상시 보고 역시 비일비재하다. 이렇게 바쁜 와중에도 매사 꼬박꼬박 보고를 받아야 직성이 풀리는 리더들이 제법 많다. 직원의 실수 하나가 본인에게는 치명적일 수 있기 때문이다.

하지만 우리가 일상적으로 목격하는 보고의 풍경은 이렇다. 직원이 찾아와 보고하겠다고 하자 상사는 어서 들어와 보고하라고 말한다. 그런데 상사는 보고하는 직원을 잠시 쳐다본 후 계속 모니터만 열중해서 바라본다. 그러다가 직원이 들어와 있다는 사실조차 잊어버리게 된다. 직원 역시 이런 상황을 여러 차례 겪어서인지 대수롭지 않게 생각한다. 직원은 자리에 앉은 채 말없이 보고서만 뒤적이고, 얼마쯤 시간이 지나면 상사가 고개를 든다.

Stop-Look-Listen

사원 때부터 지켜온 규칙이 있다.

'하던 일을 멈추고 눈을 맞춘 후 경청하라.'

누군가 다가와 말을 걸면 하던 일을 멈추는 것이 예의다. 물론 촌각을 다투는 일이 있을 때는 양해를 구해야 하겠지만 그렇지 않은 경우에는 예외 없이 멈춰야 한다. 그리고 '무엇을 도와 드릴까요' 물으며 밝은 얼굴로 상대를 바라봐야 한다. 이때 반드시 스스로의 표정을 단속해야 한다. 하던 일이 방해를 받으면 반사적으로 불편한 표정이 나오기 쉽기 때문이다.

사원 시절에 총무부로 복사기 토너를 받으러 간 적이 있었다. 담당자는 그냥 흔들어 쓰라고 말했다. 흔들어 쓰면 잠시 소량은 복사할 수 있지만 길게 쓸 수 없어 어차피 교체해야 했다. 총무부로 다시 갔지만 또 흔들어 쓰라는 말뿐이었다. 누가 왔는지 관심조차 없으니 귀가 열려 있을 리 만무했다. 뇌가 흔들리고 짜증이 났지만 자리로 돌아와 책상머리에 커다란 글씨로 'Stop-Look-Listen' 메모를 써 붙였다.

경청하지 않는다는 것은 제대로 보지 않고 두 가지 일을 동시에 처리한다는 뜻이기도 하다. 이미 무수한 실험이 증명했지만 우리 인간의 뇌는 두 가지 이상 일을 동시에 처리하면 생산성과 효율성 모두 떨어진다. 어느 하나도 제대로 해내지 못한다는 얘기다. 일을 잠시 내려놓고 상대방의 말을 경청하면 오히려 문제가 빠르게 해결될 수 있다. 내가 베푸는 작은 경청이 원만한 조직 분위기를 만들어 낸다. 결국 경청은 신뢰와 생산성을 담보하는 도구이자 자세인 것이다.

깊을 심(深),
들을 청(聽)

18

눈에는 눈

심청전을 아시는가? '심청전(沈淸傳)'이 아니라 깊을 '심', 들을 '청'
인 '심청전(深聽傳)' 말이다.

　침묵하며 경청하는 일은 특공훈련에 가깝다. 뇌 과학자들은 보통
인간이 80년을 산다고 가정하면 머릿속에서 대략 8백억 번 정도의
생각과 판단이 일어난다고 한다. 약 3초 단위로 생각이 들고 난다는
얘기다. 지금 이 글을 읽는 독자들도 마찬가지일 것이다. 여기까지
오는 데도 중간 중간 크고 작은 볼일들을 보고 잡다한 생각들이 무
수히 스쳐갔을 것이다. 그렇다면 과연 어떻게 해야 경청할 수 있을
까?

　일단 상대방의 눈을 바라봐야 한다. 한국문화에선 이런 직시가

149

쉽지 않지만 점차 익숙해지고 있다는 느낌이 들어 다행이다. 우리는 상대방 특히 상사의 눈을 똑바로 쳐다보는 것은 결례라고 배웠고, 실제로 어색하기만 하다. 하지만 외국인들과 대화를 해보면 그들은 똑바로 당신의 눈을 직시한다. 눈은 거짓말을 못한다는 말이 있다. 눈을 똑바로 맞추지 못하면 무언가 다른 꿍꿍이가 있다고 생각한다. 평소 그냥 멈춘 채 있는 것 같지만 우리 두 눈은 심지어 잘 때조차도 움직이고 있다.

채용면접에서 중요한 것 중 하나가 시선처리다. 이 회사에 입사하고 싶다고 말하는 피면접자의 눈에서 과연 열정의 광선이 나오는지 여부가 면접자의 가장 큰 관심사다. 두 눈을 보면서 확신을 갖게 되어 선발한 직원들이 입사 후 기대를 저버리는 경우는 드물다.

상대방의 두 눈에 집중하면서 듣다 보면 자연스럽게 할 말이 줄어든다. 그러고는 상대방이 모든 말을 다 했다는 느낌이 들 때가 오면 의견이나 대답을 내놓기 시작한다. 대개의 말이 끝에서 핵심이 나타나기 때문에 모든 말은 끝까지 들어야 한다. 핵심도 듣지 못한 채 중간에서 나의 말만 내뱉으면 상대방은 말을 반복할 수밖에 없거나 아예 말을 안 할 수도 있다.

경청이 필요한 때에는 휴대폰을 무음으로 설정하고 전화가 오더라도 받지 말아야 한다. 아무리 중요한 전화가 오더라도 되도록 받지 않을 것을 권한다. 전화를 받는 순간 어쨌든 '눈에는 눈'이라는 원칙이 깨지기 때문이다. 전화를 받지 않는다는 것은 상대방에게 이 대화를 매우 중요하게 여긴다는 메시지를 보내는 일이기도 하다. 가끔 전화를 받고는 '나중에 전화 드릴게요'라며 다급히 끊는 경우가 있는데, 이럴 때도 이미 리듬이 깨진 상태이므로 더 이상 경청은 어렵게 된다.

또한 대화를 나누기 전에 노트와 펜을 준비하는 것이 좋다. 상대방의 말 특히 리더가 부하직원의 말을 받아 적는 일은 매우 좋은 신호다. 기억하는 데도 편하지만 누구의 말도 허투루 듣지 않는다는 의미이니 상대방의 신뢰를 덤으로 얻을 수 있다. 상대방의 말이 끝나면 요약해서 되물으며 확인하는 것도 좋은 습관이다. 특히 안건이 많고 길게 이어지는 미팅에서는 중간에 점검 차원에서라도 복기할 필요가 있다.

공감이 갈 때마다 고개를 끄덕이거나 짧은 대답으로 추임새를 넣는 것도 필요하다. 본인 스스로 집중력이 떨어져 딴생각에 빠지지 않으려면 상대방의 말에 맞장구를 쳐주는 것이 좋다. 우리 주변에는 '리액션의 대가'로 불리는 사람들이 있다. 그들과 대화할 때면 무척 흥겨워지는데 쾌활하게 웃기도 하며 때로는 물개박수가 터져 나오기도 한다. 특히 강연하는 사람들은 청중의 적극적인 반응 없이는 강단 위에서 오래 버티기가 힘들다.

리더인 당신 앞에 앉아 있는 직원의 눈을 무엇을 말하고 있는가? 할 말이 있는데 귀를 기울여 잘 들을 수 있는지 묻고 있지 않은가? 좋은 아이디어가 있는데 당신의 잣대로만 재단할 것 같아 주저하거나 두려워하고 있지 않은가? 그 눈빛은 바로 10~20년 전 열정으로 불타오르던 당신의 눈빛과 같다. 정녕 부하직원의 눈빛에서 열정이 꺼지기를 바라는가? 순종적으로 고분고분 당신의 말만 받아 적고 따라서 하는 죽은 눈빛을 바라는가?

지금도 그렇지만 필자는 늘 머릿속에 백만 가지 생각이 가득한 사람이다. 그것을 잘 들어 준 상사들 덕분에 하나하나 자기실현을 해낼 수 있었고 회사로부터 상응하는 급부를 받을 수 있었다. 경청하는 리더들 모두에게 이 말을 전하고 싶다.

"Thanks, My Boss!"

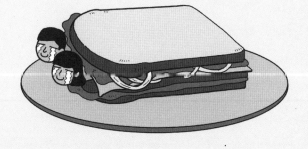

피드백은 직원을 위해 리더가
몰래 준비한 '일등석 티켓'이다.

리디의 'F'

Chapter 7

'지적질' 말고
'피드백' 하라

19

너나 잘 하세요

사회생활을 하면서 우리는 싫은 소리를 해야 할 때가 종종 있다. 하지만 누군가 분명 잘못하고 있고 그것을 고치면 좋은 변화가 있을 것 같은데 망설이는 경우가 많다. 싫은 소리 듣고 싶어 하는 사람이 어디 있겠는가.

남의 실수나 문제는 유난히 쉽게 잘 보인다. 성경에 이런 말이 나온다. "어찌하여 형제의 눈 속에 이는 티는 보고 네 눈 속에 있는 들보는 깨닫지 못하느냐?" 자기의 잘못은 아무리 커도 잘 보이지 않는 반면 남의 작은 티는 어쩌면 그리도 쉽게 보이는지. 성경 속 구절은 자신의 잘못과 문제부터 점검하라는 의미로 해석되는데, 이걸 다른 각도에서 보면 '피드백(Feedback)'은 의외로 쉽다는 말이 된다. 남에게 피드백 할 거리는 쉽게 찾을 수 있다는 의미도 되기 때문이다.

이런 관점에서 직장 내 각 직급별로 대략 이런 고민들을 하지 않을까 싶다.

과장: 우리 부장님은 팀장들이 뭐라고 하는지 알고는 계시나? 이런 거 조금만 더 신경 쓰면 임원 되는 데 바로 도움이 될 텐데.

부장: 이걸 과장에게 어떻게 말해줘야 하나? 싫은 소리 나도 하기 싫은데. 그냥 넘어갈까? 다른 좋은 점도 많으니까 스스로 고치겠지.

임원: 사장 눈에 난 잘하고 있는 걸까? 아무 말 없으니까 뭐 잘하고 있다고 봐도 되겠지.

남의 잘못이라서 쉽게 보이는 것들. 물론 잘못을 개선하면 당사자에게 분명 도움이 된다. 하지만 현실에서는 나의 문제에 대해 피드백 해주는 사람이 흔치 않다. 특히 우리 사회와 조직에서 피드백을 쓸데없는 '참견'이나 '지적질'로 몰아가는 분위기가 있어 더욱 그렇다.

전통적으로 한국사회에서는 하고 싶은 말이 있어도 참으라고 교육해왔다. "하고 싶은 말의 반만 해라." 혹은 "너나 잘해라." 뭐 이런 말들을 많이 듣는다. 정말로 심각한데도 그냥 묻고 넘어가는 경우가 많다. 직장에서도 아무리 직급이 높다 해도 말을 해야 할지 말아야 할지 난감한 상황이 비일비재하다.

한국적 문화에서 참 쉽지 않은 것, 바로 '피드백'이다. 누군가의 단점이나 잘못을 말하면 그것이 곧 지적하는 것이라고 여겨 하지 않는 것, 그리고 배우지 못한 것, 그래서 도움을 주지 못한 채 넘어가게 되는 것 모두 피드백 문화 결여에서 비롯됐다. 물론 잘한 걸 잘했다며 사기를 북돋는 피드백도 중요하다. 잘한 행동을 구체적으로 언급해서 습관이 되도록 도와주는 것 역시 피드백이기 때문이다.

보통 '지적'이란 게 잘 받아들여지지 않는 이유는 뭘까? 지적은 타인의 행동이나 작품에 대해서 부족한 점을 알려주는 것을 말한다. 주로 윗사람이나 식견이 있는 사람이 상대의 잘잘못을 따지는 것을 지적으로 본다. 이때 지적하는 사람이 어떤 방식으로 하느냐에 따라 득이 되기도 독이 되기도 한다. 물론 받아들이는 사람의 감정상태에 따라 결과가 달라지기도 한다.

나의 말이나 행동, 결과물에 대해 이렇다 저렇다 흠을 잡을 때 기분 좋은 사람은 거의 없을 것이다. 평생을 살아도 인생을 잘 모르고, 열 길 물속은 알아도 한 길 사람 속은 모른다고 하는데 사람을 평가하는 일이 어찌 쉽겠나. 상사와 직원은 가깝지도 멀지도 않은 사이이니 오죽 더 어려울까.

지적의 관점 말고 피드백의 관점을 가져보면 어떨까. 피드백과 지적은 전혀 다른 차원의 것이다. 전자는 '성장을 위한 조언'이고, 후자는 단순히 '야단'이라고 볼 수 있다. 우리는 어린 시절 야단을 맞으며 자라왔다. 그래서인지 누군가 나의 생각이나 행동을 평가하는 발언을 하면 야단 혹은 간섭처럼 느껴져 기분이 상한다. 하지만 나의 결점은 내가 쉽게 보지 못하기 때문에 누군가 진심으로 시의 적절한 조언을 해주면 큰 도움이 된다.

약이 되는 피드백 기술

여기서 지적한다는 느낌을 주지 않으면서도 도움이 되는 조언 즉, 피드백 기술이 필요하다. 먼저 상대가 가슴을 열고 받아들일 수 있는 상태가 되도록 준비가 전제되어야 한다. 그렇지 않으면 바로 지적질로 전락하고 만다. 아래 피드백 3원칙을 바로 숙지해보자.

1 | 문제점만 말할 것

상사인 당신에게 여러 명의 직원이 있다. 상당수는 특별한 문제가 없고 일을 잘하는 직원들이다. 하지만 개선이 필요하다고 생각되는 직원은 늘 있기 마련이다. 높은 성과를 낸다고 해도 개선을 통해 더 성장할 여지가 있기도 하다. 상사는 이런 점을 방관해서는 안 된다. 하지만 코칭 관점에서 행동개선 훈련을 받지 않은 경우에는 혼란스럽다. 사람과 문제가 되는 행동을 구분하지 못하는 경우가 많은 것이다. 행동개선을 원할 때는 반드시 문제가 되는 행동을 구체적으로 언급해야 한다. 사람을 탓하는 표현은 가급적 자제해야 한다. 사람과 행동을 분리해야 감정이 생기지 않는다.

보통 피드백을 부담스러워할 것이라고 생각하지만 성장과 성공을 염두에 두고 일하는 직원들은 천금 같은 기회로 여긴다. 달리 말하면 피드백은 상대방에게 선물이 되는 것이다. 누군가 나에게 피드백을 해주면 일단 감사한 일이다. 방어적인 자세를 버리고 선물을 받아야 한다.

- 김 과장, 당신 이렇게 계속 행동할 거야?
- 이 차장, 당신은 왜 항상 늦는 거야? 후배들 보기에 부끄럽지도 않아?
- 박 대리, 왜 미팅할 때마다 꾸벅꾸벅 졸지? 도대체 밤에 뭐하고 다니는 거야?

이런 말들은 피드백이 아니라 경고이자 문책이다. 문제가 되는 행동만을 놓고서 이야기해야 상대방이 받아들이기 편하다. 잘못을 지적하는 피드백을 할 때는 다음 원칙을 따라야 한다.

첫째, 관찰한 행동만 이야기하라.
둘째, 이유를 묻고 들어라.
셋째, 어떻게 개선이 가능할지 당사자에게 물어라.

잘못된 피드백은 폭력이다. 스스로 시나리오를 작성한 뒤, 충분히 연습하고 피드백 하기를 권한다.

2 | 짧게 할 것

길게 이야기하면 잔소리가 되고 사족이 늘게 된다. 미팅이 길어지고 짜증나고 비생산적으로 바뀌는 원인은 팀장이나 부서장이 불필요한 내용을 반복하기 때문이다. 리더 입장에서는 의미 있는 피드백을 하고 있다고 여기겠지만 그 효과는 상당히 미미하다. 짧게 하고 상대방의 생각을 듣는 데 시간을 더 많이 할애해야 한다. 상대방이 무슨 이야기를 하는지 경청해보면 행동의 이유를 쉽게 파악할 수 있고, 결국 적절한 피드백이 떠오르게 된다.

3 | 미루지 말 것

앞에서도 여러 번 언급했듯이 인간의 기억력은 분명 한계를 가진다. 우리의 기억력은 하루하루 희미해진다. 정확히 기억나지도 않는 것을 가지고 피드백을 하면 효과를 기대할 수 없다. 상대방의 기억에서는 벌써 사라진 일이다. 피드백이 필요하다고 생각되면 최대한 빠르게 피드백을 하는 것이 서로에게 도움이 된다. 그래서 '실시간 평가(Real Time Feedback)'가 가장 효율적인데, 타이밍을 잘못 잡으면 시간 낭비일 뿐만 아니라 신뢰까지 잃을 수 있기 때문이다.

피드백은 선물이다

보통 피드백을 부담스러워할 것이라고 생각하지만 성장과 성공을 염두에 두고 일하는 직원들은 천금 같은 기회로 여긴다. 달리 말하면 피드백은 상대방에게 선물이 되는 것이다. 누군가 나에게 피드백을 해주면 일단 감사한 일이다. 방어적인 자세를 버리고 선물을 받아야 한다. 인생과 직장에서 성장은 피드백을 얼마나 고맙게 받느냐에 달려 있다. 특히 나의 상사보다는 타 부서 사람들에게 피드백을 받는 것이 나를 객관화하는 데 큰 도움이 된다. 아래 내용을 참조하면 도움이 될 것이다.

1. 피드백을 받기 전에 상사에게 당신의 의도를 공유하라.
2. 나와 밀접한 업무 관련을 맺고 있는 사람 중에서 선택하라.
3. 나와 가까운 사람을 포함해서 최대한 많은 수를 선정하라.
4. 피드백 결과를 나의 상사와 공유하라.
5. 피드백 내용을 어떻게 실천할지 문서화하라.

피드백을 받는 상대의 입장에서는 늘 석연치 않은 부분이 있긴 하다. 특히 '객관성'과 '타이밍'에서 그렇다. 아무리 객관적으로 보고 판단한 것이라고 해도 리더는 혼자 결정한다. 리더는 사방에서 피드백을 받지만 직원들은 다르다. 또 일 년에 한 번 많아야 두 번 진행되기 때문에 피드백이 필요한 행동의 시점과 실제 피드백 시점에는 자연스럽게 괴리가 생긴다. 가물가물한 불완전한 기억에 의존해 평가를 하게 되니 서로 불만이 쌓일 수밖에 없다.

일반적으로 피드백 문화가 잘 정착되지 않은 조직의 경우 평가대상이 훌륭하면 단점은 그냥 덮고 넘기는 경우가 많다. 하지만 앞에서도 언급했듯이 특별히 문제가 되지 않는 점도 보다 나은 발전을 위해 피드백이 필요하다. 이것은 진심으로 누군가를 위할 때 나올 수 있는 피드백 유형이다. 당사자가 더 빛날 수 있도록 특별히 마음을 쓰는 피드백이기 때문이다.

회사에 반드시 피드백 제도가 있어야 피드백이 이루어질 수 있는 것도 아니다. 사적 친분관계를 토대로도 충분히 주고받을 수 있다. 자신을 발전시키기 위해 노력을 아끼지 않는 젊은 직원을 만나는 것은 리더의 입장에서 큰 즐거움이자 감동이다. 아래는 특별히 90년대생에게만 덤으로 주고 싶은 핫팁이다.

1. 상사가 차마 피드백 하지 못한 내용도 있을 것임을 감안해야 한다.
2. 상사는 당신 스스로 성장하려는 노력을 할 때 매우 높게 평가한다.
3. 상사는 본능적으로 성장을 꿈꾸는 사람을 돕고 싶어 한다.

상사의 지지와 격려 그리고 자신의 성장까지, 부디 두 마리 토끼 모두 잡을 수 있는 기회를 놓치지 말기 바란다.

누구나
단점이 있다

사람이 변하니?

리더십 코칭의 범위는 대표부터 차세대 리더까지 그 대상이 다양하다. 주제 또한 리더십과 연계한 문제개선, 행동설계, 행동강화, 조직 이해 등 셀 수 없이 많다. 워낙 다양한 상황에 맞닥뜨리고 일일이 소화해내야 하기 때문에 꾸준히 공부하며 노력하지만 결코 쉽지 않은 사례도 존재한다. 특히 20년차 정도 되는 리더들 코칭은 하는 입장도 받는 입장도 모두 쉽지 않다.

우리가 입버릇처럼 하는 말이 있다. "사람은 죽을 때까지 절대 안 바뀐다." 어쩌면 '못 바꾼다'라는 표현이 더 적절할지 모르겠다. 그런데도 기업으로부터 주문이 들어오면 이렇게 응대할 수밖에 없다. "네! 바꿔드리겠습니다." 너무 건방진 대답인가?

지금으로부터 32년 전 군 시절 경험담이다. 사람은 바뀌지 않는다는 말에 도전장을 낸 적이 있다. 비록 완벽한 승리를 거두지는 못했지만 그 도전은 아직도 의미가 있다.

전말은 이러했다. 어느 날 고참이 아래 군번 모두 기합을 주라고 명령했다. 그런데 감히 그 명령을 이행하지 않았다. 대신 부하들을 모아 놓고 한 명 한 명 좀 어설펐지만 피드백을 했다. 평소에 사람을 폭력으로 바꿔놓으면 언제든 배신할 수 있다고 믿었기 때문이다. 특히 총을 드는 군대에서는 이 배신이라는 것이 엄청난 결과를 가져온다. 뜬금없는 피드백에 대부분의 중대원들은 감사한 마음을 표현했다. 그 후 명절 때만 되면 덕담해달라고 부탁하는 후임병도 있었다. 누구인지 밝힐 수는 없지만 현재 그는 무척 넓은 집무실에서 사회를 위해 멋진 역할과 책임을 다하고 있다. 시장을 보좌했던 공무원도 있고 누구나 벌벌 떤다는 영장발부 부장판사를 지낸 이도 있다. 사실 그들은 모두 두세 살 많은 형님들이다. 아직도 좋은 관계로 만나고 있다.

당시 피드백이 그들의 DNA까지 완전히 바꾸진 못했지만 우리의 관계가 지금까지 이어지고 있으니 필시 행동의 변화를 가져온 것은 확실하다. 사람을 바꾼다는 것은 행동을 바꾼다는 것이니, 사람은 바뀔 수 있다는 신념에는 변함이 없다.

진심을 담은 변화선언

사람의 속은 알 수 없으니 사람에 대한 판단 잣대는 결국 언행이다. 다시 말해 행동이 변하면 사람은 바뀐 것이다. 한때 임원으로 모셨던 분 이야기를 짧게 하겠다. 그가 직접 행동으로 보여줬던 '변화선언'은 아직도 강한 인상으로 남아 있다.

그는 30년 가까이 한 직장에서 승승장구해온 터라 자부심이 대단했다. 하지만 본인에 대한 평가만큼은 귀를 기울여 받아들이려고 노력했다. 평가 중에서 부하직원들로부터 받는 다면평가는 누구나 불편하게 여기기 마련이다. 아무래도 다면평가를 실시하면 장점뿐만 아니라 단점이 더 많이 제기되기 때문이다. 어떤 면에서 다면평가는 제왕을 향한 민중봉기처럼 여겨지기도 한다. 그 역시 받아든 결과에 당황하고 고민이 깊어졌을 텐데 흥미롭게도 '변화선언'이 나왔다. 부장들을 모두 소집한 자리에서 본인의 단점을 나열한 문서를 스크린에 띄웠다. 부장들은 놀랐지만 내심 쾌재를 부르기도 했을 것이다. 속마음을 시원하게 대변하고 있었으니 말이다.

변화선언 행사는 회사 근처 식당에서 진행됐다. 다소 이른 시간이라 손님이 없었고 직접 양해를 구해 빔프로젝트까지 설치했다. 숨기고 싶은 치부가 드러나는 자리였지만 그는 떳떳했다. 어쩌면 그 자리는 더 큰 리더가 되기 위한 출발선이었는지 모른다. 앞으로 구체적으로 어떻게 행동에 변화를 줄 것인지 진지하게 발표했다. 그 후 계속 지켜본 결과 그는 진짜 그의 설계대로 변하기 시작했고 또 다시 성공대로를 달리기 시작했다.

　필자 역시 변화선언을 한 적이 있다. 외부에서 영입된 어느 임원 때문이었다. 경쟁사에서 이직한 후 유독 전 회사 경험담을 많이 언급했는데, 부하직원 거의 다가 거부감을 갖게 됐다. 다른 임원들과의 관계도 그리 원활하지 못했고 적극적으로 비호하는 참모조차 없다 보니 계속 공격을 받는 일이 많아졌다. 그를 향한 뒷담화는 만방에서 꽃을 피웠다. 사람의 좋은 점만 보려고 노력했던 필자 역시 언제부터인가 뒷담화에 가담하고 있었다.

　아무래도 안 되겠다 싶어 함께 일하는 직원들 모두 한 회의실로 소집했다. "지금까지 내가 나의 상사 험담을 해왔다. 분명 잘못된 행동이므로 지금 이 시간부터는 절대 험담하지 않을 것이다. 여러분 모두 나를 따르기 바란다." 좀 겸연쩍었지만 공개적으로 약속하는 선언만큼 효과가 큰 것이 없다고 믿었다. 진심을 담아 선언했어도 사람들을 믿게 하는 데는 시간이 필요했다. 단 한 번만으로는 모든 것이 바뀌지 않기 때문이다. 변화는 장기간 계속되는 시간 싸움을 필요로 한다. 나도 모르게 거북등처럼 단단해진 습관과 태도를 어찌 하루아침에 바꿀 수 있겠나. 이렇게 변화선언을 하고 나니 그분도 점점 신뢰를 보내왔고 퇴사 전까지 많은 도움을 주셨다.

　고대문명의 발상 이집트 하면 '피라미드'를 가장 먼저 떠올린다. 찬란한 문명의 흔적 피라미드도 돌 하나부터 시작했다. 리더가 내뱉는 한 마디 그리고 행동 하나가 거대한 조직문화의 한 조각이다. 리더가 긍정적인 행동을 설계하고 지속적으로 실천할 때 구성원들은 비전을 확인하고 동참한다. 그리고 이런 리더와 함께라면 언젠가 나도 리더의 자리에 올라설 수 있다는 믿음이 생겨난다.

기업도 사람처럼 성장하면서 반드시 진통을 겪는다. 이미 성공한 리더가 더 큰 성장을 위해 스스로에게 채찍을 가한다면 이보다 더 좋은 진통은 없을 것이다.

깨지지 않는
투명한 조직

21

완벽한 시간 낭비

영화 〈올드보이〉 주인공 오대수는 고등학생 시절 후배 이우진의 누나가 도덕적으로 문제가 있다며 소문을 낸다. 그로 인해 누나는 자살을 선택하고 이우진은 복수를 위해 오대수를 15년 동안 감금한다. 오대수의 작은 뒷담화가 결국 끔찍한 결말로 이어진 것이다.

현실에서도 뒷담화는 결코 도움이 되지 않는다. 물론 뒷담화를 하는 입장에서는 스트레스를 풀었다고 생각할지 모른다. 상사 뒷담화만큼 재미있고 시간 잘 가는 놀이는 없다는 얘기가 직장 안에서 떠돈다. 하지만 뭐든 적당히 해야 한다.

어느 조직이든 뒷담화와 소문은 일상이다. 특히 뒷담화로 시작하는 하루가 많은데, 여기서 뒷담화는 단순히 누군가를 험담하는 것만 의미하는 게 아니다. 오해와 추측을 불러일으키는 상황 때문에 구성원들이 시간을 낭비하게끔 만드는 비정상인 업무 프로세스를 포함한다.

- 이번에 우리 사장으로 오는 사람 내가 알아봤는데 구조조정 전문가래. 그리고 직원들을 엄청 괴롭히는 스타일이래. 우리 어떡하지.
- 이번에 조직개편 있는데 우리 부서가 없어진다는 얘기가 계속 나오네. 빨리 다른 자리 알아봐야 하는 거 아닌지 몰라.
- 올해 성과급은 나오는 거야 마는 거야?
- 이 회사는 어떻게 돌아가는 건지 전혀 알 수가 없어. 좀 알아야 대비도 하지. 나 원 참……
- 이번에 워크숍은 가는 거야 마는 거야 왜 아무도 말이 없어. 이러다가 갑자기 나한테 준비시키는 거 아냐?
- 어제 전 직원 미팅에서 사장이 조직개편은 하는데 인원감축은 없다고 장담했잖아. 근데 그게 말이 되나?
- 이 일은 도대체 누가 해야 되는 거야? 우리는 어느 단계부터 손대야 하는 거야? 최종 책임은 누가 지는 거지?

이런 대화와 고민에 얼마나 많은 시간이 쓰이는지 실제 측정해보지는 않았지만 경험상 제법 많은 시간이 낭비되는 것으로 보인다. 이 흥미진진한 뒷담화와 출처를 알 수 없는 소문을 어떻게 완벽히 통제할 수 있겠는가. 이런 대화와 고민이 전혀 없는 이상적인 회사는 당연히 없겠지만 빈도와 시간을 줄여나가는 노력은 전체 조직의 생산성 향상과 긍정적 분위기 형성에 도움이 된다.

지금처럼 전 세계가 현상유지만 잘해도 칭찬을 받는 상황에서 내부 조직원이 쓸데없는 의문을 갖지 않고 생산적인 일에 시간을 쓴다면 얼마나 좋을까. 업무 시간에 시간 낭비를 줄일 수 방법은 무엇이 있을까. 정직함이 담보된 투명한 업무 프로세스에서 그 해답을 찾아보자.

너도 나도 실시간 정보 공유

조직 안에서 소문이 생산되고 확대되는 이유는 무엇인가?

1. 누군가 무심코 혹은 정보력을 자랑하기 위해 내뱉은 말
2. 누가 봐도 뭔가 일이 벌어지고 있다고 직감하게 만드는 잦은 임원 회동
3. 인간의 호기심

조직생활을 해본 사람이라면 동의할 것이다. 나와 어느 정도 관련성이 있어 보이면 다른 일은 제치고 당장 진상을 파악해야 한다. 소문이 돌기 시작하면 조직은 일제히 '소문진상위원회'가 열린다. 저마다 정보가 있다고 떠벌리고 정보가 없는 사람들은 귀를 활짝

연 채 그 주변을 기웃거린다. 따라서 무리 가운데 정보를 많이 가진 사람에게 자연스럽게 권력이 이동한다. 최종적으로 누구의 말이 맞을까 머리를 맞대며 시간을 보내는 일이 월드컵보다 훨씬 재미있는 것이다. 물론 상황에 따라서는 비밀리에 진행해야 하는 일도 있다. 특히 인사발령의 경우가 그렇다. 하지만 이런 예외 말고는 투명하게 실시간으로 정보를 공유하는 것이 시간 낭비를 막는 유일한 방법이다.

정보를 권력화하고 조직을 장악하는 수단으로 사용했던 구시대적 발상들이 여전히 조직에 남아 있음을 목격한다. 분명 비밀로 진행할 일도 있다고 했지만 너무 지나치게 확대 적용되고 있다는 생각이 든다. 곧 들통 날 일도 일부러 숨겨서 직원들에게 더 큰 상처를 주는 경우도 있다. 회사나 경영진이 지극히 이기적이고 편의적인 발상으로 숨겨온 진실들은 누군가에게는 평생의 아픔이 되기도 한다. "이번 구조조정에 절대 사람 자르는 일은 없어. 내가 장담해." 이런 말이 사장의 입에서 나온 지 얼마 되지도 않아 대규모 구조조정이 일어나는 일도 주변에서 벌어진다. 이런 식으로 구조조정이 발생하면 남게 된 직원들도 다시는 회사를 믿을 수 없게 된다. 특히 경쟁력 있는 직원들의 이탈이 심해질 가능성이 농후해진다. 헤드헌터들은 이력서를 받느라 바빠지고 결국 소중한 정보가 경쟁사의 손에 들어간다.

특히 리더는 소문이 돌기 전에 단계별로 일의 진행사항을 공유해야 한다. 가능하면 본인의 일정을 포함해서 말이다. 이렇게 투명하게 실시간 정보가 공유되면 소문진상위원회는 곧 해체될 것이다. 직원들 역시 리더와 진솔한 대화를 시도해보길 권한다. 정보가 없는 직원들끼리 쓸데없이 시간 낭비를 하는 것보다 훨씬 낫다.

투명하고 과학적인 업무 프로세스

2018년 5월 대한상공회의소가 배포한 「조직건강도 보고서」에 의하면 조사대상 국내기업 8개사 중 7개사가 글로벌기업에 비해 많은 항목에서 약체인 것으로 진단됐다. 4개사가 최하위 수준, 3개사가 중하위 수준, 중상위 수준은 1개사인 가운데 최상위 수준은 없었다.

세부 영역별 진단결과를 살펴보면 책임소재, 동기부여 항목에선 국내기업이 상대적 우위를 보였지만 리더십, 외부 지향성, 조율과 통제(시스템), 역량, 방향성 등 대다수 항목에서 글로벌기업에 뒤처졌다.

조직건강을 해치는 3대 주범으로는 비과학적 업무 프로세스, 비합리적 성과관리, 리더십 역량부족을 뽑았다. 대한상공회의소 관계자의 말처럼 전근대적이고 낡은 한국기업의 운영 소프트웨어가 기업의 경쟁력과 근로자 삶의 질 저하, 반기업 정서에 이르기까지 우리 사회가 처한 과제들의 근본 원인으로 작용하고 있는 것이다.

과연 소문이나 뒷담화로부터 자유롭게 벗어나 생산성을 높여가는 조직을 만들 방법은 없을까. 위 자료가 시사하듯이 기업의 업무 프로세스 개선이 무엇보다 시급하다.

회사의 투명성 제고는 회사가 일 년을 어떻게 살아갈지 그 속에서 각자의 역할은 무엇인지를 명확하게 만드는 일에서 시작된다. 이런 걸 안 하는 회사가 어디 있는지 반문하는 사람이 많겠지만 그건 나름 좋은 회사에 다녀서 그렇다. 실상 많은 회사들이 투명성을 갖추지 못한 채 관행과 관성의 법칙으로 일하면서 끝없이 부서 간 불협화음을 경험하고 있다. 그 결과 수없이 많은 비생산적인 루머가 나돈다. 업무 프로세스의 투명성을 확보하기 위한 단계별 지침을 공개하면 다음과 같다. 중요한 항목에는 설명을 덧붙인다.

1. 회사의 연간 계획 중에서 비즈니스에 매우 중요한 일은 모두 단계별로 구체화한다.
2. 단계별로 협업해야 하는 부서들을 구체화한다.
3. 단계별로 협업하는 부서의 역할과 목표를 명시한다.
4. 부서별 역할을 백분율로 표시한다.

예를 들면 기획부 50퍼센트, 영업부 30퍼센트, 마케팅 10퍼센트, 관리 10퍼센트. 비중이 높은 부서가 특정 단계에서 주도적인 역할을 한다. 그리고 나머지 부서는 지원부서가 된다. 상황별로 역할이 많은 부서가 주도권을 갖고 성공할 수 있도록 돕는 구조를 만들면 부서 이기주의를 막을 수 있다. 그리고 이런 방식이 성공하려면 직원들이 눈치를 보지 않고 역할에 전념하도록 각 부서 리더들이 비정치적으로 협업하는 모습을 먼저 보여주는 것이 절대적으로 중요하다.

5. 각 단계가 지난 뒤에는 반드시 검토하고 건설적인 피드백
   을 제시한다.

목표를 달성하지 못했을 때 대부분의 회사는 책임질 사람 혹은 부서를 지목한다. 그렇다고 달라질 것은 없다. 진정으로 지속적인 성장을 해내고 싶다면 비난이 아니라 앞으로 목표를 달성하기 위해 서로가 할 일을 점검해야 한다.

6. 매년 마지막 시점에 전체 프로세스를 다시 검토하고 업데
   이트 한다.

일이 잘 진행되었다 하더라도 반드시 개선해야 할 문제가 남을 것이다. 필자가 출장을 갈 때 꼭 사가는 것이 있다. 통찰이 넘치는 기고문으로 가득한 잡지 《하버드 비즈니스 리뷰》다. 2008년 홍콩 출장 때 읽었던 구글의 성공 포인트는 아직도 기억난다. "사업의 모든 영역은 각자 역할이 있다. 실패가 성공을 낳기도 하고, 성공도 분명 개선해야 할 점을 안고 있다."

건설적인 업무 프로세스가 정착되고 리더들이 지지하게 되면 서로를 비난하고 루머를 생산하는 뒷담화 시간이 줄어든다. 복도에서 혹은 식당에서 만나면 서로 달성해야 할 목표에 대해서만 이야기를 나누게 될 것이다. 그것이 훨씬 즐거운 일이기 때문이다.

재택근무 리더십과 피드백

박대길(가명) 이사: 자네 지금 어딘가? 급하게 논의할 사항이 있는데.

문기회(가명) 차장: (어떡하지, 친구 만나러 나왔는데 뭐라고 둘러대지)아, 네. 잠시 식료품 사러 밖에…… 30분 후쯤에 하시면 안 될까요?

박대길 이사: (짜증내며)뭐? 그제도 전화하니 뭐 사러 나왔다고 해놓고서는. 그리고 지금 근무시간 아닌가? 문 차장은 안 보인다고 이렇게 행동하는 사람이었나? 노트북만 열심히 자리를 지켰던 거군. 자네 실망이네.

문기회 차장: (매번 체크할 바에는 그냥 마스크 씌우고 사무실에서 일 시키지)아, 아닙니다. 죄송합니다.

드디어 재택근무의 시대가 열리는 것인가? 이 질문보다는 다음 질문이 좀 더 의미가 있겠다. 재택근무는 우리 사회에서 정착할 수 있겠는가? 아직 판단을 내리기는 이르다. 하지만 분명 재택근무가 많아질 것이다. 현재 회사의 리더들은 직원들이 한 공간에 없는 상황에 익숙하지 않다. 하지만 마음속에서는 대략 두 가지를 계산하고 있을 것이다.

첫째, 직원이 집에서 일해도 회사가 굴러간다면 굳이 회사 공간에 많은 비용을 들일 필요가 있을까? 공간을 대폭 줄이고 이 돈을 제품개발이나 마케팅에 사용하면 더 도움이 되지 않을까? 둘째, 이렇게 근무시간에 사적인 일을 보면서도 회사가 지장 없이 굴러간다면 직원 수를 줄여도 되지 않을까?

이런 짐작에 확신을 주는 독일 심리학자 링겔만(Ringelmann)의 연구결과가 있다. '링겔만 효과(Ringelmann Effect)'로 불리는 이론인데, 단체의 구성원이 단체의 크기가 증가하면서 덜 생산적으로 바뀌는 경향을 의미한다.

재택근무를 무작정 편하게 일할 수 있는 방식으로 판단하기에는 직장인의 입장에서 아직 위험도가 크다. 감원의 문제를 떠나 일과 삶의 공간이 하나가 되고 구분이 어렵게 되어 피로도가 증가한다. 바로 눈앞에 가족들이 지나다닌다. 특히, 어린아이가 있는 경우 아이는 부모에게 놀자고 떼를 쓸 것이 뻔하다. 가족의 불화가 발생할 수도 있다.

재택근무처럼 공간의 경계가 무너진 상황에서 어떻게 하면 성과를 동일하게 유지할 수 있을까? 여기서 우리는 이 질문을 던질 필요가 있다. 재택근무가 성과를 내기 위한 조건은 무엇일까? 팀을 이끄는 리더와 구성원의 입장에서 각각 필요한 자세를 정리해봤다.

1 | 리더의 신뢰

성악설과 성선설 둘 중 무엇을 믿는가? 대개가 직원이었을 때는 성선설을 믿다가 상사가 되면 성악설을 믿게 된다. 상사가 휴가나 출장을 가면 최고의 방학을 맞이하며 기뻐하는 직원들을 보면 더욱 확고해진다.

자, 이제 눈앞에 없는 직원들은 어떻게 관리할까? 매시간 감시해야 할까? 의심하고 불안해할 수밖에 없나? 수많은 생각이 들 것이다. 종교에서 최고의 경지는 보이지 않는 것에 대한 믿음이라고 말한다. 하지만 성인도 아닌데 어찌 불안하지 않을 수 있겠는가?

결국 상호신뢰의 프레임을 만들어내야 한다. 감시가 아니라 상호합의한 새로운 업무방식을 개발해야 하는 것이다. 평소에 일하는 방식이 마음에 들지 않았지만 미처 피드백을 주지 못했던 상사들은 오히려 더 잘된 것일 수 있다. 직원들에게 먼저 어떻게 시간을 보낼지 계획하게 만들고, 검토하고 피드백 하라. 모두가 알고 있듯이 스스로 계획한 일은 스스로를 구속하기 때문에 힘이 세다. 한국의 코로나 방역에 세계가 감탄하듯 투명한 정보 공유와 피드백은 리더를 향한 신뢰를 증폭시킨다.

2 │ **구성원의 자기규율**

평소 하루 일과를 시작하기 전에 시간 계획을 세우는가? 꼼꼼히 다이어리에 기록하는가? 아니면 급하게 사무실에 도착해서 닥치는 대로 일을 하는 부류인가? 이런 습관은 재택근무에서도 마찬가지다.

보는 사람이 없어 열심히 일하는 척하는 것도 소용없어진 상황에서 스스로 하루를 계획한다는 것은 더 어렵다. 하지만 지금부터는 하루를 정확하게 설계하라. 그리고 적극적으로 팀의 리더와 공유하라. 회사 시스템에만 의존할 게 아니라 나름의 시스템을 찾아서 더욱 빈번히 공유하며 존재감을 보여줘라. 보이지 않는 곳에서도 일관성을 유지하는 직원은 회사의 믿음도 커질 것이다.

또 하루 8시간 중에 6시간 정도를 업무로 채우고 2시간 정도를 비워 어떤 돌발적인 지시나 미팅에도 대처할 수 있어야 한다. 당연히 재택근무 상황에서 상사들의 불안감은 더욱 커지기 마련이다. 상사가 원하는 시간에 원하는 일을 해줄 수 있는 상황이 되려면 나의 스케줄에 유연성이 있어야 한다.

다시 한 번 강조한다. 리더라면 일신의 안위와 정치적인 욕심을 내려놓고 지금 바로 조직 전체가 즐겁게 참여하고 생산적인 결과를 낼 수 있도록 업무 프로세스를 강화하라. 성공과 실패 여부를 떠나 끊임없이 논의하고 발전시켜 더욱 투명하게 탄탄하게 만들어라. 그리고 가끔은 외부 전문가에게 점검을 맡겨라.

당신 손에 목적지로 가는
기차표 두 장이 주어진다.
하나는 리더인 당신 것이고
다른 하나는 후배 것이다.
손을 내밀고 함께 긴 여행을 떠나자.
혹시라도 기차가 멈추거나 잠시 이탈하더라도
둘이 함께라면 결코 두렵지 않다.
여정을 함께하면 할수록 출발할 때
그저 어리게만 보였던 후배가 어느새 당신처럼
훌륭한 리더로 성장해 있을 것이다.
그때 당신의 차표를 그의 손에 건네라.
당신이 당신의 선배에게 받았던
바로 그 차표.
그리고 새로운 목적지로
떠나는 기차에 올라타라.

상생의 기차표

Chapter 8

상사가 아니라
코치

뒤끝 없는 상사

직장생활을 하면 참으로 많은 유형의 사람을 만나게 된다. 외향적인 사람, 내성적인 사람, 독선적인 사람, 이타적인 사람, 카리스마가 넘치는 사람, 숨어서 조력하는 사람 등등 무수히 많다. 이렇다 보니 회사는 채용 때부터 여러 가지 테스트를 통해 사람을 파악하고 적재적소에 배치하는 데 많은 시간과 비용을 지불하며 지속적으로 노력한다.

리더 역시 수많은 유형이 있는데, 특히 '뒤끝 없다'를 입버릇처럼 내뱉으며 뒤끝 작렬하는 상사는 최악이다. 신기하게도 이런 상사는 진짜 뒤끝이 없다. 본인이 하고 싶은 말, 상대의 가슴을 후벼 파는 말을 마구 쏟아내기 때문에 자기 자신에게는 뒤끝이 없는 것이다.

듣는 상대에게 모든 뒤끝을 넘겨버리는 기술은 정말 대단한 개인기인 셈이다.

사람에게 상처를 주는 '뒤끝 없는' 스타일은 결국 독선과 이기심을 바탕으로 성장한다. 앞으로 회사의 주역으로 성장해야 할 90년대생은 이런 리더를 어떻게 받아들일까? 벌써 내성이 생겨 어느 정도 맷집을 갖췄을까?

이미 잘 알려진 것처럼 90년대생은 아무리 좋은 대기업에 입사해도 자신과 맞지 않다고 판단하면 곧바로 퇴사한다. 전 직장만 해도 신입직원이 2~3년을 넘기지 못하고 퇴사하는 경우가 많아 확실히 구세대와는 다르다는 생각을 했다. 이런 신세대에게 '뒤끝'이란 얼마나 실없는 일일까. 어쨌든 지금의 리더는 어떻게든 신세대 직원을 회사에 안착시키고 성과를 내야 하는 사명이 있다.

여기서 우리의 눈길을 끄는 것은 '코칭'이 실제로 성과를 내고 있다는 점이다. 대학과 기관에서 전문적으로 교육받은 코치가 배출되고 기업의 수요도 늘었다. 코칭은 뒤끝 많은 리더마저 개선시키고 신세대를 아우르는 데 큰 역할을 하며 기업의 생산성을 높이고 있는 것이다.

리더도 코치가 필요하다

위에서 언급한 유형의 리더는 확실히 코칭이 필요하다. 내가 부하직원에게 얼마나 큰 상처를 주면서 실적을 강요하고 있는지 깨달아야 한다. 리더의 존재 이유는 순전히 정량적 목표를 달성하는 데 있지 않고 부하직원의 성장까지 함께 이루는 데 있다는 것을 알아야 한다.

리더의 말이 감정 해소 차원의 뉘앙스를 포함하고 있다면 더 큰 문제다. 리더의 말이 줄어들면 직원들의 말은 늘고 미팅 시간은 짧아진다. 불필요한 미사여구와 반복만 줄여도 효율적인 미팅을 이끌 수 있다. 이때 코칭은 말의 힘을 이해시키고 그 힘을 적절히 조절하는 방법을 알려준다.

일단 코칭이 정확히 무엇인지를 알아야 한다. 일반적으로 코칭과 비슷한 유형의 교육훈련으로는 다음과 같은 것들이 있다.

1 | 멘토링(Mentoring)

고대 그리스의 서사시에서 유래한 말로 본인보다 경험이 적거나 나이가 어린 친구들을 정신적으로 성장시키고 사고를 확장시키는 일이다. 경험과 연령 차이 때문에 주로 일방적인 (방향)지시가 이루어진다.

2 | 컨설팅(Consulting)

일반적으로 기업이 의뢰인이 된다. 전문 컨설팅업체에서 팀을 짜서 조직의 문제점을 상세히 파악해 개선방향을 제시한다. 비용이 비싸다는 단점이 있다.

3 | 트레이닝[Training]

주로 육체적인 단련을 일컫는다. 트레이너가 체계적인 방법을 제시하고 트레이니(Trainee)는 열심히 따라 하며 반복을 거듭한다. 트레이닝에서는 반복의 힘을 강조한다.

'코칭(Coaching)'이 위 세 가지와 다른 점은 방향과 방법을 함께 찾아간다는 데 있다. 직장 안에서 이루어지는 코칭은 좀 더 정확히 표현하자면 '비즈니스 코칭'이다. 코치는 질문을 통해 상대의 사고를 확장시키고 스스로 해답을 찾도록 안내하는 역할을 한다. 어떻게 보면 위 세 가지에 비해 상당히 머리가 아픈 방식이다. 계속되는 질문과 답이 코칭의 핵심이어서 더욱 그렇다.

요즘 리더십을 이야기할 때 보통 '코칭형 리더'가 되라는 말을 많이 한다. 왜 그럴까? 코칭은 인지심리학에서 말하는 가장 지속가능한 형태의 리더 육성법이다. 스스로 방법을 찾고 행동을 설계하도록 만드는 방식이기 때문에 실천을 강조하게 되고 실제로 원하는 결과를 얻을 가능성 또한 높다. '3당4락', 과거 대학입시를 앞둔 수험생 책상 앞에 붙어 있던 이 유명한 말을 기억하는가? 3시간 자면 붙고 4시간 자면 떨어진다는 의미이다. 스스로 결정한 목표는 강력한 힘을 발휘한다.

이미 여러 기업에서 임원 혹은 차세대 리더들에게 코칭을 진행하고 있다. 코칭의 원칙에 따라 묻고 답하고 실천에 옮기면서 조금씩 최고의 리더로 성장시키고 있는 것이다. 하지만 코치가 모든 답을

어렵게 질문한 직원의 기를 죽이지 마라. 엉뚱한 사고가 전혀 기대하지 않은 매출을 가져올지 누가 알겠는가. 인류의 큰 발전은 대개 엉뚱한 질문에서 시작됐다. 차마 하지 못한 질문은 뇌 속에서 돌이 된다. 점점 자라서 사고의 혈관을 막게 되는 것이다.

찾아주고 단순히 따라 하도록 만들면 어떤 일이 생길까? 그저 수동적인 사람으로 머물게 될 것이다. 현재 우리 부모들이 자녀를 양육할 때 많이 쓰고 있는 방법과 같다. 이렇게 성장해서 기업에 들어가게 되면 또 엄마를 찾는다는 우스갯소리까지 있다.

질문하는 사람

요즘 신입직원은 혼자서는 창의적인 생각을 하지 못한다는 웃지 못할 이야기가 기업의 리더들로부터 흘러나온다. 서비스업 인사부서에서만 20년 넘게 일한 베테랑이 요즘 90년대생이 흔하게 내뱉는 말을 알려줬다. "질문하지 마시고 그냥 답을 주시면 안 되나요?"

질문하고 싶지도 않고, 질문 받고 싶지도 않고, 답을 찾는 수고도 하고 싶지 않다는 얘기다. 인터넷 검색을 해도 원하는 답이 나오지 않으면 바로 당황하고 불안해한다고도 했다. 그렇다고 포기할 것인가? 그냥 답만 주고 시키기만 할 것인가?

코칭이 해결책이다. 수동적으로 성장한 세대에게 지금이라도 코칭을 해야 한다. 젊은 직원이 사고를 확장하지 않으면 기업의 미래도 없다. 하지만 교육을 해도 워크숍을 해도 질문이 거의 없다. 궁금해도 참는다. 그나마 서양문화는 질문을 많이 해야 적극적인 참여를 증명할 수 있다고 보는데 우리는 그것마저 없다. 관심이 없거나 경청하지 않았거나 피곤하면 질문 따위 중요하지 않다. 해외 미팅을 다녀보면 질문을 거의 던지지 않는 나라 두 곳이 있다. 바로 한국과 일본이다. 물론 질문이 없어도 이해도는 어느 나라 사람들보다 빠르다고 믿는다.

질문하지 않는 문화는 또 다른 부작용을 낳는다. 글로벌기업이 한국에 진출한 후 크게 성장해도 본사로 파견 나가는 한국인 직원은 상당히 적다. 글로벌미팅 때 거의 질문하지 않아 존재감을 드러내지 못하기 때문이라는 해석이 많다. 마치 저평가된 주식 같은 존재가 되는 것이다.

두려워하지 말고 적극적으로 질문해서 존재감을 드러내야 한다. 입을 떼고 질문을 하는 순간 그 존재는 각인되기 시작한다. 모든 세상일이 궁금해야 정상 아닌가. 인간의 사고는 질문을 통해 확장될 수 있기에 무조건 질문해야 한다. 여기서 코칭이 질문도 양성하고, 인재도 양성하는 역할을 수행하는 것이다.

혹시 직원으로부터 영양가 없는 엉뚱한 질문을 받게 돼도 리더는 당황하지 말고 표정관리를 해야 한다. 계속해서 이상한 질문을 던져도 더 진지하게 그 심층을 들여다봐야 한다. 그러기 위해서는 "흥미로운 질문이네. 왜 그렇게 생각한 거지?"와 같은 반문이 필요하다. 어렵게 질문한 직원의 기를 죽이지 마라. 엉뚱한 사고가 전혀 기대하지 않은 매출을 가져올지 누가 알겠는가. 인류의 큰 발전은 대개 엉뚱한 질문에서 시작됐다. 차마 하지 못한 질문은 뇌 속에서 돌이 된다. 점점 자라서 사고의 혈관을 막게 되는 것이다.

신입직원의 말을
'구찌' 들어야 해?

23

'구찌'가 '굳이' 신세대를 주목한 이유

신입직원의 말을 경청해야 하는 이유를 세계적인 명품 브랜드 '구찌'가 명쾌하게 실적으로 보여주었다. 2015년 초반까지 불황에 시달리던 구찌는 그해 후반부터 반등해 화려하게 매출 상승곡선을 그리고 있다.

사실 구찌는 명품이긴 하지만 젊은이들에게는 굳이 살 이유가 없거나 환영받지 못하는 낡은 느낌을 주는 브랜드였다. 2015년 새로 선임된 마르코 비자리(Marco Bizzarri) 신임 최고경영자는 신입직원의 말을 경청하는 '리버스 멘토링(Reverse Mentoring)' 회의를 도입했다. 기존 경영진이 밀레니얼 세대의 언어, 습관 등을 당사자들로부터 배우고 이해하기 시작했다. 그리고 그들이 내는 아이디어를 정책에 빠르게 반영함으로써 매출이 급성장하는 결과를 낳게 되었다. 현재 미국의 대다수 기업들도 속속 이 제도를 도입하고 있다.

누구나 선망하는 자동차 브랜드 '벤츠' 역시 기존의 '성공한 사람들이 타는 차'란 느낌에서 젊은이들 특히 밀레니얼 세대까지 어필할 수 있는 디자인을 2015년부터 주력으로 밀기 시작했다. 주요 고객층이 50~60대에 머무른 것이 성장의 한계를 보여주었기에 성장을 위한 불가피한 선택인 셈이었다. 내부 반발이 컸을 거라고 짐작해보지만 변화는 필수였고 또 지금 실적이 입증하고 있기에 결단에 박수를 보낼 수밖에 없다.

필자는 아디다스코리아에 15년 이상 재직하면서 독일식 사고와 의사결정을 충분히 체감할 수 있는 기회를 가졌다. 특히 회사를 대표할 제품을 선보일 때는 완벽하다고 판단할 때까지 테스트를 반복하고 검증한다. 장인정신이 반영된 생산방식, 멋진 프로세스 아닌가! 하지만 혹자는 시대에 맞지 않다며 평가절하 할 수도 있다. 너무나 느리기 때문이다. 스포츠패션 분야에서 나이키가 전 세계 부동의 1위를 차지하고 있는 이유는 실험정신 때문이다. 빛의 속도로 바뀌는 소비자 구매 패턴을 누가 더 잘 읽고 따르는지 관점에서 보면 나이키의 압승이다. 이것은 투철한 실험정신 없이는 불가능한 일이다.

어느 날 60대 독일인 사장에게 벤츠는 독일인에게 어떤 의미인지 물었던 적이 있다. 그의 대답은, 벤츠는 아무리 돈이 많아도 사회적으로 인정받는 성공을 이루지 못한 사람들은 잘 사지 않는다는 것이었다. 소비자 역시 '검증된' 소비자만을 타깃으로 삼았던 것이다. 국내 판매도 이와 크게 다르지 않았다.

이것이 벤츠의 고급 이미지 전략이었지만 젊은 층에게는 부담으로 다가갔다. 젊은이들은 튀는 감각과 역동적 주행 성능을 갖춘 BMW를 더 선호했던 것이다. 세대가 바뀌면 비즈니스 전략도 달라져야 한다. 성장배경에 따른 세대별 소비형태는 큰 차이를 보인다. 새로운 주력 소비자로서 주목받는 세대를 빠르게 흡수하지 못한다면 아무리 명품 브랜드라 할지라도 어느 순간 물거품처럼 사라질 수 있다.

결국 벤츠의 변화는 밀레니얼 세대에게도 통했고 그 결과는 실로 엄청났다. 2017년 처음으로 30대 시장에서 1위를 차지했고, 처음으로 국내 수입 차 시장점유율 30퍼센트 선을 넘어섰다. '성공한 기성세대의 차'라는 이미지에서 벗어나기 위해 과감히 튀는 디자인을 채택하고 공격적인 마케팅을 펼쳤던 결과였다. 밀레니얼 소비자의 목소리에 귀를 기울인 대가가 바로 시장점유율 1위 자리였던 것이다.

'리버스 멘토링'이 성공하려면

전 세계적으로 소비주체가 베이비붐 세대에서 밀레니얼 세대로 급속히 이동하고 있다. 나라별로 다소 차이가 있겠으나 한국의 경우 밀레니얼 세대는 인구의 30퍼센트에 육박하고, 적극적이고 자발적인 소비층만 추려 봐도 대상 인구의 40퍼센트 이상이다. 신상품을 누구보다 빠르게 접하고 소비하는 세대이기 때문에 어떤 브랜드라도 밀레니얼 세대 없이는 성장, 아니 생존까지 어려울 수 있다.

구찌와 벤츠가 밀레니얼 세대의 관심을 사로잡고 큰 성장을 이뤄낸 것을 많은 기업들이 지켜봤다. '빨리빨리'의 대명사 한국의 기업들이 절대 가만히 있을 리 없다. CGV는 경영진과 신입직원 미팅을 활성화시켜 수평적 소통 문화를 이끌며 유연성을 강조하고 있다. 롯데쇼핑은 아예 밀레니얼 세대로 구성된 '밀레니얼 트렌드 테이블(MTT)'을 만들어 젊은 층의 문화를 회사 임원들에게 전파하는 데 앞장서고, 롯데마트는 임원과 신입사원을 매칭, 밀레니얼 세대가 좋아하는 먹거리와 맛집, SNS를 함께 체험하게 만들어 이벤트와 신상품 개발에 아이디어를 보태고 있다. 이밖에도 사례들이 넘쳐나는데, 모두 아우르면 '리버스 멘토링'으로 부를 수 있다. 밀레니얼 세대의 새로운 트렌드를 경영진은 물론 사내 전체에 공유하여 변화하는 시장 환경에 혁신을 이끌 계기를 만들겠다는 것이다.

물론 지금 당장 괄목할 만한 결과를 기대하기는 쉽지 않을 것이다. 의사결정을 내리는 경영진이 사고를 바꾸고 정책에 반영해서 실질적인 결과가 나오는 과정이 기업, 특히 대기업을 다녀본 사람이라면 그리 간단치 않다는 것을 잘 안다. 결국 리버스 멘토링이 성공하는 데 가장 중요한 관건은 경영진의 태도다. 이것을 지나가는 유행 정도로만 받아들일 것인가 아니면 시간이 걸리지만 충분히 투자할 가치가 있는 제도로 보고 지지할 것인가에 성패 여부가 달려 있다. 리버스 멘토링은 기업 경영진에게는 상당히 먹음직해 보이는 제도다. 산업군에 따라서 다소 차이가 나지만 현재 재직하는 직원의 최소 30~50퍼센트까지 차지하는 밀레니얼 세대의 환심을 사기에도 좋다.

다시 강조하지만 리버스 멘토링의 성공은 젊은 층의 의견을 '신뢰'하는 경영진의 자세에 달려 있다. 선심성 제도가 아니라 진정 그들의 마음을 잡고 싶다면 그들을 신뢰하라는 것이다. 육해공 전투를 모두 경험한 베테랑 장군의 눈에 신병은 언제나 어리숙해 보인다. 말도 제대로 못하고 빈틈 많고 더 나아가 '관종'처럼 보일 수도 있다. 제도가 아무리 좋아도 리더의 관점과 자세가 달라지지 않는다면 아무 소용없는 것이다.

내가 리더라면

요즘 여러 채널에서 세대갈등을 다룬다. 주로 세대차이 때문에 조직 화합이 어렵다고 하거나 새로운 시대를 따라오지 못하는 구세대를 꼰대로 부르는 데 열중한다. 사실 이런 걸 보는 90년대생은 속이 불편하고 심지어 짜증이 나기도 할 것이다. 무조건 자신의 리더를 우스운 사람으로 취급하고 존중하지 않는다는 식의 평가가 달갑지 않기 때문이다. 사실 도대체 어떤 기업이 신세대 언어를 몰라 분열하고 망하겠는가? 물론 신구세대가 쉽게 연결되지 못하는 이유에 리더의 소통 방식이 있긴 하다. 잠시 아래 간단한 설문에 응해보자.

1. 나와 직원이 연결되지 못하는 이유

그들의 비적극성 ☐ 나의 무관심 ☐

2. 신뢰를 주지 못하는 이유

사회를 제대로 모르는 그들 ☐

새로운 세대를 이해하지 못하는 나 ☐

3. 불화가 생기는 이유

그들의 비협조 ☐ 나의 방관 ☐

4. 젊은 직원이 조직을 떠나는 이유

그들의 조직 부적응 및 이기적인 결정 ☐

직원의 머리를 믿지 못해 그들의 손발만 쓴 나 ☐

위 4가지 설문 중에 신세대 직원들에게 가장 큰 좌절 혹은 실망을 안겨주는 것은 무엇일까? 질문이 너무 부정적인가? 그렇다면 질문을 바꿔보겠다.

"당신은 지금까지 일하면서 어떤 상사와 만났을 때 가장 동기부여가 되었나?"

수많은 사건과 인물들이 떠오를 것이다. 여러 가지 답이 나오겠지만 필자가 확신하는 답이 하나 있다. 바로, 나를 믿어준 상사. 그렇다. 최고의 성과도 최고의 기쁨도 나를 믿어준 상사와 함께 일했을 때이다.

세계적인 베스트셀러 『성공하는 사람들의 7가지 습관』의 저자 스티븐 코비가 강연에서 들려준 경험담이 있다. 스티븐 코비가 코칭을 진행했던 회사의 대표는 직원을 못 믿고 들볶는 사람이었다. 그는 늘 직원들 앞에서 '이거 하시오, 저거 하시오'를 입에 달고 사는 사람이었다. 직원들은 불만으로 가득 찼고 미팅이 끝날 때마다 대표 뒷담화에 나섰다. 그런데 직원 중에 '벤'은 달랐다. 물론 벤도 대표의 일방적인 지시를 따라야 하는 대상 중 한 명이었다. 하지만 벤은 대표가 지시하기 전에 알아서 고민하고 해결책을 가져오려고 노력했다. 직속상사를 빛내기 위한 내용들로 보고서를 다듬었고, 외부미팅도 철저하게 준비하여 만족할 만한 결과를 얻어냈다. 어느 날 회의시간에 대표는 늘 하던 대로 '이거 하시오, 저거 하시오'를 남발했다. 그런데 벤에게는 '당신 생각은 어때?' 하며 물었다.

이처럼 상사의 신뢰를 얻은 직원과 그렇지 않은 직원의 대접은 확연히 달라진다. 벤은 계속해서 상사에게 신뢰를 주었고 나중에 대표는 벤 없이는 아무런 결정도 하지 못하는 상태가 되었다. 어느새 벤은 회사의 2인자가 되었다. 앞에서도 살펴봤지만 직장에서 뒷담화는 제법 중독성이 있다. 특히 상사 뒷담화는 최고의 즐거움을 선사한다. 하지만 그런 와중에도 벤처럼 중심을 잡고 일하는 사람이 있다. 우리는 그런 사람을 '프로'라고 부른다. 자신과의 싸움을 즐기는 부류 말이다.

90년대생에게 꼰대 멘트 하나 선물하고 싶다. 당신의 직속상사가 당신에게 의존적으로 될 만큼 노력해보라. 무엇이 내 상사를 돋보

이게 할 것인가에 집중해보라. 신뢰를 얻게 되면 일은 훨씬 수월해질 것이다. 그리고 주문처럼 외쳐보라.

· 내가 만약 상사라면 어떻게 할까?
· 내가 만약 상사라면 이 결과물에 만족해할까?

'신상'을 밝혀라

문화가 신분증이다

나이가 들면 '귀차니즘'이란 새로운 친구를 사귀게 된다. 침대의 유혹을 이기기 힘들다. 가고 싶은 데도 좀처럼 없다. 한창 유행했던 카피 '열심히 일한 당신, 떠나라'를 '그냥 집에서 쉬자'로 바꿔버린다. 충분히 이해가 되면서도 안타깝다. 70년대생 맏형 1970년생은 현재 51세이고, 막내 1979년생은 42세이다. 모두 귀차니즘에 빠졌거나 빠질 수 있는 나이란 얘기다.

70년대생과 다르게 90년대생은 늘 새로운 것을 추구한다. 웹툰은 요일마다 연재가 다르고 늘 새로운 작품, 새로운 내용이 실시간으로 업데이트 된다. 〈강철비〉〈이태원 클라쓰〉〈쌍갑포차〉〈치즈인더트랩〉…… 영화나 드라마로 익숙한 작품들이지만 원작은 모두 웹툰이다.

　문화는 사람의 생각과 태도를 결정짓는 요소로 작용한다. 문화적 배경을 모르면 그 사람을 이해하기 어렵다. 즉, 문화는 한 사람의 성장배경이 된다. 세대갈등도 마찬가지다. 서로를 이해하려면 먼저 서로의 문화를 알아야 한다. 공상과학영화처럼 무작정 머릿속으로 들어가 볼 수도 없는 노릇이니 주변 환경에서 실마리를 찾아야 한다. 매일 쏟아져 나오는 신상품에 주목해도 효과가 있을 것이다. 세대를 사로잡은 신상품은 그 세대를 말해주기 때문이다. 기성세대는 다양한 제품이 진열되어 있고 직접 내 눈으로 볼 수 있는 백화점이나 대형마트, 대리점을 선호한다. 내가 직접 손으로 만지고 확인할 수 있는 곳 즉, 확실성이 담보된 곳에서 편하게 쇼핑하고 싶어 한다. 반면 요즘 세대는 어떤 방식으로 신상품을 구매할까.

1. 네이버 검색 및 리뷰 확인
2. 스타 유튜버, 파워 블로거 같은 인플루언서를 통한 입체적
   인 정보 습득 및 구매
3. 쿠팡 등 소셜커머스를 통한 구매
4. 당근마켓 등을 통한 중고거래

　지금 이 글을 읽는 70년대생은 위 방식에 익숙할까 아니면 일부만 익숙하고 여전히 기존의 채널에 익숙할까? 이런 방식으로 무조건 따라서 구매하라는 의미가 아니다. 나와 다른 세대가 어떤 방식

으로 생활하고 있는지를 이해하는 것은 그들과 함께 일하는 데 상당히 중요하다.

매력은 스스로 만들어내야

TV프로 〈백종원의 골목식당〉에 나온 식당을 인플루언서들이 방문하고 경쟁적으로 후기를 남기면 바로 일반 식객들이 줄을 선다. 실제로 그렇다. 출연자 백종원 씨는 요식업에서는 누구나 다 아는 성공한 60년대생 기성세대다.

백종원 씨의 성공 요인은 진심으로 상대가 성공하기를 바라는 진정성 있는 조언과 질책에 있다고 본다. 일방적으로 말하지 않고 대화하고 경청한다. 그러면서도 완전히 다른 식당으로 만들어버리고 매출을 이끌어낸다. 편안한 외모와 구수한 사투리가 그의 진정성에 더해져 엄청난 매력으로 다가오는 것이다.

첫 직장 나이키코리아에서 있었던 일이다. 근무가 끝나고 먼저 입사했던 대학친구를 만나러 그의 부서에 간 적이 있었다. 팀장이 이 친구를 놓고 보드에 뭔가를 적으며 가르치고 있었다. 해외업무 프로세스였다. 영업부서에 입사해서 첫날부터 아무 훈련 없이 무작정 일을 시작했던 터라 너무나 부러운 풍경이었다. 팀장은 와서 같이 앉으라고 했고 수업은 계속되었다.

아주 오래 전 이야기지만 아직도 선명하게 기억한다. 다시금 '교육'이라는 비전을 떠올리게 만든 계기가 되었기 때문이다. IMF로 인해 생존이 급했던 당시 회사 내 교육 시스템은 제대로 갖춰지기가 어려웠다. 그럼에도 불구하고 의지를 가진 개인이 금쪽같은 시간을 쪼개 후배 교육에 나섰던 것이다. 요즘 말로 매력이 '뿜뿜' 했다. 즉시 그 팀장 밑에서 배우고 성장하고 싶다는 욕심이 생겼고, 결국 1년 후 팀에 합류했다.

역으로 이런 경우도 있었다. 국내 외국계 회사에서 근무하다가 본사로 발령받는 것은 정말 멋진 일이다. 본사에 가면 더 많은 것을 경험하고 더 성장할 기회를 가진다. 자녀가 있다면 덤으로 전혀 다른 생활 문화를 체험시킬 수 있는 기회가 되기도 한다. 하지만 모두가 성공하는 것은 아니다. 20년 전 국내지사에서 임원을 역임하다가 본사로 발령이 났는데 몇 해 지나지 않아 다시 돌아온 선배가 있었다. 궁금해서 당사자에게 물었더니 영어로 답했다. "You have to earn respect." 존중은 그냥 위치 때문에 얻어지는 게 아니라 스스로 얻어야 한다는 말이었다. 한국식 습관에 익숙했던 터라 본인 스스로 모든 일을 해야 하는 본사생활이 몹시 힘들었던 것이다.

임원이라는 높은 위치에서도 자신의 존재가치를 계속 입증해야 하는 것이 글로벌조직의 냉엄한 현실임을 깨달았다. 임원이 되면 근사하게 결재하고 보고받다가 누구의 눈치도 보지 않고 이른 시간에 퇴근할 수 있다는 생각이 잘못됐다는 걸 알게 됐다. 직원들이 리더에게 바라는 것은 무엇인가? 자신들을 이끌어 줄 수 있는 사람 아닌가! 지금처럼 한 치 앞을 내다볼 수 없는 환경에서는 더욱 절실하다. 그래서 리더는 언제나 눈에서 레이저가 나오는 '비전가

(Visionary)'여야 한다.

요즘은 영화를 거의 찍지 않는 헐리우드 최고의 액션배우가 있다. 〈리썰 웨폰〉〈브레이브하트〉〈매드니스 오브 맥스〉 등을 통해 전 세계와 한국 팬심을 확보한 멜깁슨(Mel Gibson)이 바로 그 주인공이다. 주로 액션작품을 찍었지만 〈왓 위민 원트〉라는 독특한 작품도 그의 대표작으로 꼽을 수 있다. 욕조에서 헤어드라이기에 감전되면서 넘어지는 '액션'을 제외하면 과격한 액션은 찾아볼 수 없는 달콤한 코미디 영화다. 주인공 멜 깁슨은 권위적 남성을 대표하는 사람인데 어느 날 새롭게 본인 위로 영입된 여성임원으로부터 여성을 이해해보라는 요구를 받게 된다. 그리고 여성용품이 가득한 박스를 받는다. 그 과정에서 마스카라, 립스틱으로 화장을 하고 여성속옷을 입어보고 더 나아가 왁싱을 하는 익살스러운 장면이 나온다. 새로운 영역으로 들어가기 위해 고군분투하는 모습이 실소를 자아내면서도 짠한 공감을 불러일으킨다.

이처럼 보다 매력적인 사람이 되기 위한 변신은 짜증나고 머릿속에서 쥐가 나는 일이지만 결국 나의 성장을 이끌어낸다. 눈 딱 감고 한번 실천해보자.

당신의 가슴 한구석에 먼지 묻은 채
잠들어 있던 청년을 끄집어내라.
얼마나 당당하고 멋진가.

낡은 경차는 진입할 수 없다고
으름장을 놓는 조직에
당신의 가슴속에 장착된
스포츠카의 심장을 제시하라.

다시, 그대에게

Chapter 9

리더십 교육은
신입부터

보다 나은 리더십 교육을 위해

일반적으로 기업은 임원이나 팀장을 대상으로 리더십 워크숍을 진행한다. 대개 1박2일로 외부에서 진행하는 워크숍에서 리더들은 집중적으로 이론 교육을 받고 실습까지 한다. 이때 직원들은 본의 아니게 이틀 정도 즐거운 방학(?)을 맞이한다. 그러면서도 이번에는 우리 팀장이 뭘 배워 와서 우리를 '실험'하려나 살짝 걱정되기도 한다. 실제로 현업으로 돌아온 리더들은 하나하나 배운 것들을 활용하면서 변신을 꾀한다.

인사교육 담당자는 리더십 워크숍이니 당연히 리더십을 발휘해야 하는 위치에 있는 자들을 대상으로 진행하는 것이 적절하다고 본다. 또한 리더십 워크숍은 일반 교육보다 비용이 훨씬 많이 들기 때문에 회사 입장에서는 범위를 확대해서 실시하는 데 부담이 많다. 하지만 한정된 대상 선정은 일회성에 그친다는 문제 말고도 직원들과의 격차를 더 벌린다는 부작용을 야기한다.

'손뼉도 마주 쳐야 소리가 난다'는 속담이 있다. 영어 표현 중에는 'We are on the same page'가 비슷하다. '우리는 같은 페이지에 있다' 즉, 이해도가 같다, 공감하고 있다는 뜻이다. 리더의 노력을 지지하고 함께하는 직원이 많아지면 얼마나 좋을까. 서로의 공감대가 커질수록 그 팀은 효율성이 제고되고 큰 성과를 낼 가능성이 높아진다. 불필요한 고민을 거듭하는 시간 낭비를 줄일 수 있기 때문이다. 그러기 위해서는 우선 제대로 된 리더십 교육을 실시해야 한다. 또 리더십 교육은 빠르면 빠를수록 좋다.

아래 내용은 기업교육 커리큘럼 중 차세대 리더십 워크숍에서 쓰는 의제들이다. 이번 장에서는 리더와 직원 간 공감을 강화할 수 있는 의제인 4, 5, 6번을 주목해서 다루겠다.

1. 리더십 정의 내리기
2. 참된 리더의 모습 그려보기
3. 나의 리더십 모형 구축하기
4. 관계 리더십 _ 빚진 마음 안겨주기, 강력한 질문 던지기
5. 미팅 리더십 _ 맨몸으로 승부할 것인가?
6. 발표 리더십 _ 운명을 바꾸는 프레젠테이션
7. 피드백 제대로 받기

관계 리더십 I, 빚진 마음 안겨주기

영화 〈존 윅〉 3편에서 주인공은 전 세계 킬러들의 표적이 된다. 위기의 순간이 찾아오고 주인공은 옛 지인들에게 도움을 청한다. 이때 그들이 피로써 갚겠다고 맹세한 표식을 제시하고 도움을 받게된다. '네가 가장 도움이 필요할 때 난 기꺼이 도와줬고, 지금 나는 빚을 받으러 왔다'며 당당히 요구한다.

회사에서 개인의 뛰어난 역량만 있으면 승승장구할 것이라고 생각하지만 그건 오산이다. 자신의 능력과 함께 자신을 지지하고 도와줄 세력이 있을 때만 지속적으로 성장이 가능하고 정상까지 노려볼 수 있다.

신입직원들은 아직 잘 모르겠지만 인사고과를 할 때 업무능력뿐만 아니라 회사에서의 태도, 관계까지 두루 살핀다. 따라서 평가자가 나를 지지하느냐 아니면 지지하지 않느냐에 따라 전혀 다른 결과가 나온다. 지지는 바로 빚진 마음에서 비롯되는데, 과연 나는 평가자에게 빚진 마음을 안겼었는지 되돌아봐야 한다.

1 │ 소소한 즐거움 주기

작은 것부터 떠올려보자. 생일과 같이 개인적이지만 의미 있는 기념일을 어떻게 챙기는가? 필자는 매일매일 카카오톡이나 페이스북에서 오늘의 생일자를 확인했다. 그러고는 커피쿠폰이나 생일케이크 같은 선물을 보냈다. 구운 계란을 한 판 보낸 적도 있다.

2 │ 정성을 다하기

타 부서와 미팅할 때는 항상 먹을 것을 준비했다. '중요한 미팅이나 결정은 공복에 하는 것이 아니다'는 원칙이 있었기 때문이다. 다년간 경험으로 미뤄보면 공복에는 사람이 판단력이 흐려지거나 집중이 잘 되지 않는다. 특히 아침 일찍 하는 미팅이 많았는데 대부분 아침을 거르고 온다는 것을 알게 되었고, 샌드위치나 김밥 그리고 물을 사전에 준비해서 그들이 편안하게 미팅에 참석할 수 있도록 배려했다. 얻어먹고 비협조적으로 나오기는 솔직히 힘들지 않을까?

3 │ 기꺼이 도와주기

누군가 도움을 요청한다. 급하고 간절하다. 그런데 나도 바쁘다. 이럴 때면 일반적으로 거절하는 쪽으로 방향을 잡는다. 물론 시간이 걸리거나 쉽지 않은 일이 많을 것이다. 하지만 자세히 보면 도움을 요청하는 쪽은 풀기 어려운 문제이지만 나는 쉽게 도울 수 있는 문제인 경우가 의외로 많다. 도움을 요청받았을 때 반사적으로 짜증난 얼굴을 보이거나 부담스럽다는 말을 건네기 전에 먼저 경청하자.

서로 특별히 신경 써주려면 서로 빚진 마음이 있어야 한다. 지속적으로 빚을 지게 만들면 언젠가 꼭 필요할 때 갚으라고 당당히 요

리더의 노력을 지지하고 함께하는 직원이 많아지면 얼마나 좋을까. 서로의 공감대가 커질수록 그 팀은 효율성이 제고되고 큰 성과를 낼 가능성이 높아진다. 불필요한 고민을 거듭하는 시간 낭비를 줄일 수 있기 때문이다.

구할 수 있다.

관계 리더십 2, 강력한 질문 던지기

또 하나의 기술은 자신과 남에게 발전적인 미래형 질문을 던지는
것이다. 보고서를 작성할 때도 "만일 내가 사장이라면?" 스스로에
게 물어야 한다. 정말 간단한 질문이지만 일하는 관점을 바꿀 수 있
는 중요한 기술이다. 프레젠테이션 자료를 나의 관점이 아니라 청
중의 관점에서 작성했을 때 프로젝트가 승인되는 것처럼 말이다.
처음에는 그 의미를 받아들이기가 쉽지 않을 것이다. 나는 경험도
적고 내공도 약한데 어떻게 사장이나 상사 입장을 헤아려볼까 생각
이 드는 게 사실이다. 하지만 사고의 폭을 확장하고 상사와의 관계
까지 돈독하게 만들 수 있는 일석이조의 방법임을 명심하라.

필자도 경쟁사 조사를 위해 타 브랜드 매장을 방문할 때면 늘 이
렇게 물었다.

· 내가 이 회사의 MD면 이 상품의 가격을 어떻게 책정했을까?
· 내가 이 회사의 사장이라면 이 브랜드를 위해 어떤 결정을 할까?

혼자서 속으로 타 회사의 직원도 되어 보고 진급해서 사장도 되
어 보는 즐거운 상상을 했다. 질문하는 습관은 무척 중요한 사업 도
구이기도 하다. 여러 회사에서 코칭을 하면서 질문을 통해 직원으

로 빙의되어 그들을 이해하고 상사의 마음까지 헤아리면서 더 나은 방향성을 제시하려고 노력한다. 스스로 질문을 던지면서 제안서를 작성하고 업무를 준비하면 자연스럽게 진정성이 스며든다. 돈을 벌기 위해 본인들의 회사를 수단으로 이용하는 그냥 스쳐가는 존재가 아니라는 인상을 줄 수 있는 것이다.

미국계 반도체 회사에 리더십 워크숍 제안서를 냈을 때 일이다. 대상 회사의 요청 외로 사업장을 늘려 방문하고 참석자와 그들의 상사까지 인터뷰를 진행했다. 어떤 것을 배우고 싶고 개발하고 싶은지 진지하게 물었다. 보통의 기업교육 업체에서는 하지 않는 일이다. 시간과 공력이 많이 들지만 비용은 회수하기 어렵기 때문이다. 하지만 진정성이 더 중요하다고 믿었다. 결국 제안 예산이 다른 경쟁사에 비해 높았음에도 불구하고 일을 수주했다. 심지어 10퍼센트 더 오른 금액으로 최종 결정되었다. 당시 스스로에게 던진 중요한 질문은 이것이었다.

· 내가 이 비용을 지불하는 사람이라면 무엇을 원할까?
· 내가 참석자라면 무엇을 배우고 싶어 할까?

미팅 리더십, 맨몸으로 승부할 것인가?

김정치(가명) 부사장: 송 부장, 이거 아는 얘기야?

송사리(가명) 부장: (난감하네, 들은 바가 없는데)네, 그게……

김정치 부사장: **이 차장 생각은 어때?**

이라인(가명) 차장: (부사장이 지금 기획부 제안이 맘에 안 든다는 얘긴 거지)글쎄요. 현실적으로 봤을 때 영패션 쪽에는 적용이 다소 힘들 것 같기는 합니다. 지금 유사제품군이 딱히 좋은 판매율이 나오는 것도 아니고요.(이 정도면 맘에 들었겠지^^)

김정치 부사장: **난감 씨. 당신네 젊은 세대에게 이게 먹힐 것 같은가?**

최난감(가명) 사원: (지금 어느 장단에 맞춰야 되나, 나쁜 제안은 아닌 것 같은데)……

지금 이들 앞에 앉아 대화를 듣고 있는 당신은 상품기획부에서만 10년차. 나름 고참 팀장이고 이들 영업부를 대상으로 새로운 상품군에 대해 관심을 끌어내려고 하는 중이다. 하지만 대화의 흐름상 당신은 마치 전쟁터에서 무기 없이 맨몸으로 싸우고 있는 것처럼 보인다. 과거 몇 번 미팅에서도 김 부사장은 자신과 생각이 다르다는 이유로 당신을 공개적으로 망신을 준 적이 있다. 그럼에도 불구하고 당신은 아무런 대책 없이 똑같은 상황을 맞이했다. 이 회사에서 10년차 그리고 전 직장의 경력까지 보태면 당연히 부장을 달았어야 하지만 아직 차장이고 심지어 당신의 동기인 송 부장은 이미 몇 년 전 부장으로 승진하여 다소 껄끄러운 사이가 되었다. 하지만 사석에서는 말을 놓는 사이라 서로 도움을 주고받기도 한다.

이때 당신은 어떻게 이 미팅을 준비했어야 하는가? 당신이 우선 점검해야 했던 것은 준비태세였다. 미팅에서 새로운 제안을 승인 받아야 하는 상황이라면 사전 준비는 바로 실전과 맞먹는 것이다.

1. 미팅에서 의사결정권자는 어떤 성향의 사람인가?
2. 의사결정권자와 나는 어떤 관계인가?
3. 의사결정권자가 가장 신뢰하는 사람은 누구인가?
4. 나와 3번 인물은 어떤 관계인가?
5. 준비과정에서 의사결정권자와 관련 부서의 의견을 얼마나 경청했는가?
6. 경청한 내용을 얼마나 반영하였는가?
7. 내 부서 최상급자는 위기상황에서 얼마나 협조적인가?
8. 준비과정에서 모의연습을 하였는가? 예상 질문을 리스트로 만들어보았는가?
9. 미팅의 목표와 성과, 타임라인에 대해서도 사전에 잘 공지가 되었는가?
10. 상대 팀에게도 충분한 준비시간을 주었는가? 갑작스럽게 미팅 콜을 던지지는 않았는가?

위 질문 하나하나에 답을 해나가다 보면 충분한 준비태세를 갖출 수 있다. 신뢰가 쌓이지 않았고 과거 협업에서 좋지 않았던 기억까지 있다면 아무리 좋은 제안이라도 쉽게 통과되지 않는다. 그것이 조직의 맹점이기도 하지만 냉엄한 현실이다. 오죽했으면 '선한 의도는 이루어지기 힘들다'는 말이 있겠는가.

조직에서 성장하기 위해서는 나의 생각이 지속적으로 반영되고 결과로도 입증되어야 한다. 그것을 우리는 퍼포먼스 즉, '성과'라고 한다. 중요한 성과는 반드시 사방 360도의 도움을 통해서 이루어진다. 크고 중요한 제안일수록 더욱 더 많은 사전 준비가 필요하다. 승인에 도움을 줄 사람들과 연결되어 있어야 한다.

최근 지인 한 분이 사표를 던졌다. 중요한 발표 자리에서 고위 간부로부터 어려운 질문을 받았는데 자신의 상사를 비롯하여 아무도 도움을 주지 않았고, 본인은 선 채로 공격받으며 무능한 사람으로 낙인 찍혔다는 것이다. 단 한 명의 구원군도 없었고, 실전 모의연습도 없었다.

이런 상황이 지금도 일어나고 있다. 맨몸으로 전쟁하는 직장인들이 부지기수란 얘기다. 위에서 제시한 준비사항 1번에서 10번까지 꼼꼼히 챙겨 보길 바란다. 여기에 제대로 답을 할 수만 있다면 이미 절반 이상 성공했다고 봐도 과언이 아니다. '지피지기 백전백승', 마음속에 다시 새겨야 한다.

발표 리더십, 운명을 바꾸는 프레젠테이션

기업교육을 하면서 리더십 워크숍과 함께 가장 주력하는 분야가 있다. 그것은 바로 직장인을 대상으로 하는 프레젠테이션(이하 '피티') 교육이다. 강의 제목은 '운명을 바꾸는 피티'다. 단순히 '피티 교육'

혹은 '피티 스킬 향상' 같은 식으로 부르지 않고 운명까지 거론하는 데는 다 이유가 있다.

직장 시절 사내강사를 했는데 주 종목이 피티와 상품기획 교육이었다. 이런 강의를 맡을 수 있었던 이유는 그동안 보여준 차별화된 피티 역량 때문이었다. 다른 직원들에게도 역량을 전수하기를 바라는 회사의 뜻에 공감했기에 가능했던 일이기도 하다.

피티는 결국 일을 표현하는 중요한 방식인데 특히 외국계 기업에서는 상당한 비중을 차지한다. 피티가 운명을 바꿀 수도 있다는 것은 실제 경험했던 일화에서 비롯된 것이다. 사원이던 시절 그 당시 대표와 영업이사 외 여러 사람 앞에서 '축구'를 주제로 발표했던 적이 있다. 그 후 2002년 월드컵을 맡으라는 대표의 지시가 하달되었다. 너무 기쁜 일이었지만 마음속에 '왜'라는 질문을 지울 수가 없었다. 월드컵을 위해 외부에서 특별히 전략담당 이사까지 영입했던 상황이어서 더욱 그랬다. 궁금함을 참을 수 없어 물었다. "왜 저에게 이런 큰 프로젝트를 맡기시는 겁니까?" 답은 매우 심플했다. "작년에 자네가 했던 그 피티에서 큰 감동을 받았다"는 것이었다.

사실 피티를 만드는 과정이 남다르긴 했다. 보통 같은 팀 동료나 선배들은 피티를 만들어야 하는 시즌이 오면 마치 100미터 달리기를 하듯이 만들기 시작했다. 이미 숙달된 조교처럼 몸에 배어 있었기 때문에 가능한 일이기도 했다. 하지만 필자는 준비에 100시간이 주어졌다면 70~80시간을 내가 전달할 내용을 스토리로 만들기 위해 이면지와 전쟁을 벌였다. 이면지에 예상되는 슬라이드 수만큼

선으로 그어 넣은 다음 그것을 바라보며 머릿속에서 전쟁을 시작했다. '어떻게 전달할까?', '어떤 글자를 얼마만큼 넣을까?' 20여 년 전에도 많은 글자를 넣는 것을 선호하지 않았고 단순한 것을 좋아했다. 한참을 고민하고 고민한 다음 템플릿을 만들기 시작했다. 모두가 프로그램에 이미 있는 템플릿을 쓰던 시절 필자는 템플릿을 직접 제작해서 사용했다. 전달하고 싶은 내용과 가장 잘 맞을 템플릿을 구상하는 데 많은 시간을 사용했다. 그런 다음 내용을 채워 넣는 것은 오히려 쉬운 일이었다. 머릿속으로 구상하면서 이미 전체적인 내용이 스토리로 만들어져 있었기 때문에 실전에서도 스크립트를 보는 일 없이 피티를 진행할 수 있었다.

그 시절 성공적으로 피티를 수행할 수 있었던 비법은 바로 준비 과정과 연습에 있었다. 많은 사람들 앞에 선다는 자체가 부담되고 떨리는 일이지만 충분한 준비와 연습이 이루어지면 운명까지 바꿀 수 있다고 믿게 되었던 것이다.

당신의
인생설계

26

꿈꾸고 있는가?

· 인생설계를 해본 적 있는가?

· 인생목표가 무엇인가?

대표이사로 재직하던 시절 채용면접 자리에서 늘 묻던 질문이다. 면접 준비를 많이 했더라도 이런 질문에는 당황하기 마련이다. 과거 경력, 뛰어난 성과, 리더십 발휘 사례, 자신의 장단점 같은 질문만 예상하고 준비하는 것이 일반적이기 때문이다.

이런 질문을 던진 데는 분명한 이유가 있었다. 인생에서 목표를 정하고 실천사항을 설계하는 것과 그렇지 않은 경우는 큰 차이가 있다. 필자는 아직도 과거 직장 초년 시절에 설계한 삶을 살고 있고 연도별 목표를 이뤄나가고 있다. 그 과정은 무척 험난해서 늘 도전하는 자세로 임해야 했고 물론 시행착오도 많았다. 하지만 내가 설계한 삶이기에 스스로 주도권을 가졌고 그래서 지금도 행복하다. 주변 사람들이 어떻게 그게 가능했냐고 물을 때가 가장 즐겁다. 그리고 대답한다. 당신도 늦지 않았으니 당장 인생설계에 나서라고.

세계적인 유명 배우 아놀드 슈워제네거(Arnold Schwarzenegger)는 스무 살에 런던에서 열린 세계 보디빌딩 대회에서 최연소로 미스터 유니버스(Mr. Universe) 챔피언 타이틀을 차지했다. 그에게 사람들은 하루 5~6시간 힘들게 운동하면서도 어떻게 얼굴에는 항상 웃음이 가득한지 물었다. 그때마다 그는 이렇게 답했다. "저는 지금 목표를 향해 나아가고 있으니까요."

오스트리아 출신인 그는 초등학교 시절 때 농부가 되거나 아니면 공장에서 일하는 것 외에는 다른 길이 안 보였다고 한다. 부모님은 경찰이나 선생님이 되기를 원했지만 자신은 '특별하고(Special)', '다르고(Unique)', '큰(Big)' 사람이 되려고 태어났다고 믿었다. 꿈과 목표가 있으면 누구나 특별하게 될 수 있지만 꿈과 목표를 갖지 못하면 그저 떠돌 수밖에 없다고 말하며 특히 주변에서 자꾸 안 된다고 말하는 '회의론자(Naysayer)'를 경계하라고 강조했다.

첫 인생설계

필자가 처음으로 인생을 설계한 건 29세 때였다. 그때는 직장정년이 55세였던 시점이라 29세부터 55세까지 어떻게 살지를 구상했다. 신입직원이었던 1996년 1월 사무실 분위기는 몹시 어수선했는데, 당시 회사는 합작회사에서 100퍼센트 자회사가 된 시점이었다. 퇴사자가 많이 생겨났고 그들은 미처 회사를 정리하지 못해 회사 내에 그냥 머물고 있거나 대리점 사장이 되어 회사를 나갔다. 사회 초년생 입장에서 '왜 우리 회사 상사나 선배들은 다른 회사로 멋지게 영전해 가지 못하는 걸까?' 속으로 궁금했다. 그렇게 되면 후배들에게 멋진 모범이 될 텐데 무척 아쉬웠고, 이들을 반면교사로 삼아 그때부터 인생설계를 하기 시작했다.

물론 첫 설계는 상당히 어설펐다. 그저 한 줄 시원하게 긋고 그 위에 온갖 정보를 바탕으로 사원에서 대리, 과장, 차장, 부장, 사장 그리고 은퇴 단계를 연도별로 적어 넣었다. 언제쯤 결혼을 하고 아이를 가질지 또 얼마의 돈이 들지 예산까지 설계했다. 한 가지 특이했던 점은 임원 단계를 건너뛰고 바로 사장이 되겠다고 설계했던 것이다. 대표가 되는 시점을 50세가 되기 두 해 전으로 잡았고 실제로 48세에 닥터마틴코리아의 한국대표가 되었다. 계획대로 이사나 상무 같은 임원을 거치지 않았다. 솔직히 고백하면 사원이던 시절 임원에 대한 개념도 정확하지 않았다. 잘 몰라서 그냥 부장에서 사장이라고 적었던 것이다. 요즘처럼 정보가 많지 않던 시절이어서 어설픈 설계였지만 아무튼 내 인생계획에 집중했다는 점에서 의미가 컸다.

그렇다고 머릿속으로만 바라지 않았다. 아놀드 슈워제네거가 실천을 강조했던 것처럼 매일매일 행동으로 옮겼다. 지금도 직장에서 한창 전성기를 달리는 차장이나 부장들은 헤드헌터로부터 많은 러브콜을 받는다. 필자 역시 부장이던 시절 하루에도 수십 통의 전화를 받았다. 당시 아디다스코리아는 10년째 두 자릿수 매출 증가율을 보이며 지속적으로 성장하는 회사였다. 일반적으로 헤드헌터의 전화를 받으면 대부분 일단 거절하는 경우가 많다. 하지만 제안이 들어오는 웬만한 면접은 모두 봤다. 잘 맞지 않는 회사나 조건이라 해도 다른 특별한 이유가 없으면 모두 봤다. 꼭 그 회사를 가지 않더라도 더 큰 기회를 잡기 위해 미리미리 연습을 한 것이다. 대표이사 승진이나 채용 면접을 본다고 가정해보자. 부장의 위치에서 그런 면접을 보는 것은 결코 쉽지 않은데, 임원 채용 면접을 많이 보게 되면 미리 대비할 수 있겠다는 판단이 섰던 것이다. 면접장에서 나온 질문을 모두 수집했고 면접 결과도 꼼꼼히 체크했다. 회사가 임원에게 기대하는 바가 무엇인지를 이해하는 데 큰 도움이 되었다.

이런 노력은 계속되었고 마침내 2016년 10월, 운명을 결정짓는 국제전화 한 통을 받게 되었다. 홍콩 소재 글로벌 헤드헌팅사에서 걸려온 전화였다. 그 후로 10여 차례 이상 전화 통화 및 화상 인터뷰, 인적성 검사를 진행했다. 한 달 이상 채용과정에 성실히 임했고, 48세가 끝나기 딱 두 달 전에 드디어 대표이사의 꿈을 이룰 수 있었

다. 그러다 보니 내 손으로 직접 만드는 인생설계를 더욱 신봉하게
된 것이다.

꿈꾸는 설계도

작은 집을 짓든 큰 건물을 올리든 반드시 설계도를 만들어야 한다.
상상한 내용 모두를 꼼꼼히 설계도 속에 반영해야 한다. 그리고 한
치의 오차도 없기를 바라는 마음으로 설계대로 하나하나 만들어나
간다.

어떤 목적을 이루기 위한 설계가 없다면 행동도 따르지 않게 된
다. 설계가 없으면 시행착오가 발생하고 낭비가 따른다. 우리는 지
금 인생이라는 집을 지어 올리고 있는 중인데 내가 살고 싶은 집 하
나쯤은 꿈꾸고 있을 것이고 또 있어야 한다. 요즘 후배들과 멘토링
시간을 가질 때면 내가 짓고 싶은 집을 아직 모르겠다는 말을 많이
듣게 된다. 자신의 꿈을 찾는 일은 철저히 본인 몫이지만 간단한 방
식으로라도 설계를 할 필요가 있다. 설계가 행동을 낳고 그러면서
서서히 내가 원하는 방향으로 다가갈 수 있기 때문이다.

일단 A4 용지 한 장을 꺼내 가로로 놓고 일직선을 길게 그어보자.
왼쪽 끝을 '0'으로 오른쪽 끝을 '70'으로 표시한다. 요즘은 보통 70
세까지도 왕성히 일하기 때문에 70으로 적지만 그 이상 설계해도
무방하다. 그리고 비율을 고려해서 적당한 곳에 나의 현재를 'P'로
표시하고 0과 P 사이 경력을 모두 기입한다. 현재 직장을 평생직장

으로 가정해서 연도별로 앞으로 어떻게 진급하고 최종적으로 몇 살에 대표이사가 될 것인지도 정하자. 그럼 기본은 완성된다.

이 과정에서 과거로 여행을 떠나보자. 내가 어떤 꿈을 가진 사람이었고 어떤 일에 가슴이 뛰었는지, 무슨 일에 칭찬을 받았고 내가 밥을 굶으면서까지 하고 싶었던 일이 무엇이었는지 모두 떠올려본다. 비록 과거가 되었지만 뜨거웠던 에너지를 다시 생각해보라는 것이다. 그동안 조직에서 끝내 주인공이 되지 못한 채 그럭저럭 살아가는 모습들을 많이 봐왔다. 내가 중심이 되는 삶을 살아야 하는데 그러지 못해 에너지가 고갈되고 원치 않는 스트레스에 무너지는 것이다.

흔히 남자들끼리 만나면 군대 이야기를 꺼낸다. 그 이야기만 나오면 몸이 뜨거워지고 에너지가 넘쳐난다. 이유가 뭘까. 바로 가슴 뜨거웠던 시절이었기 때문이다. 과거로 돌아가 그 에너지로 현재의 나를 충전하는 일은 무척 중요하다.

과거뿐만 아니라 미래로부터 미리 대출해서 쓰는 것도 좋은 방법이다. 미래로부터 에너지는 찾는 방법은 이러하다. 미래의 나의 모습을 이미 확정된 것으로 본다. 그 확정된 모습을 머릿속으로 다시 생생하게 그려본다. 결국 현재의 나는 미래의 확정된 나에게로 다가가는 것이다. 무엇이 될지 몰라 불안한 한 걸음 한 걸음을 내딛는 내가 아니다. 에너지가 넘치는 나다. 에너지를 찾는 과정에서 잊었던 꿈이 다시 살아날 수도 있다.

무엇보다 내가 진정 하고 싶은 일을 해나가면 방전되지 않는다.

그 일을 주변에서도 인정하고 더 나아가 그 일로 수입을 창출한다면 그 인생은 가장 완벽하다. 현재 일에 충실하면서 남은 시간에 나의 인생 2막을 준비해나가는 것도 현실적이고 안정적인 방법이다. 내가 잘할 수 있는 일, 남들이 잘한다고 인정하는 일 그리고 내가 정말 하고 싶은 일 이렇게 삼박자가 갖춰지는 것만큼 행복한 일은 없다.

〈극한리더〉,
〈극한직업〉후속작

27

꼰대인가, 리더인가?

이제 긴 여정을 마치며 단편영화 한 편을 선물로 선사하겠다. 더 정확히 말하면 간략한 시나리오다. 제목은 '극한리더'이고 아직 미완성이다. 이 작품은 우여곡절 끝에 임원에 오른 70년대생 리더 '박성공' 이사가 90년대생 '이문제' 대리를 만나며 벌어지는 이야기다.

과연 박성공 이사는 꼰대인가, 리더인가? 그동안의 여정을 돌이켜보며 찬찬히 판단해보기 바란다. 아리송하면 리더십 찾기 단축키 'Ctrl+F'를 충분히 활용하면 된다. 아울러 리더란 얼마나 극한직업인지 스스로 공감하며 위안을 얻을 수 있으면 더없이 좋겠다.

주연1: **박성공 이사**(이 시대 리더의 표상)

주연2: **이문제 대리**(검색과 논리로 무장했고 틈만 나면 박성공 이사 뒷담화에 나섬)

단역1: **김상근 이사**(클라이언트)

Scene #1 고객사 회의실/협무협약 미팅

박성공 이사: (자신 있게)김 이사님, 반도체 시장이 향후 5년간 더 성장할 것으로 예상하는 공신력 있는 기관의 설문과 통계가 존재합니다. 증권가에 배포할 자료로 활용하면 좋을 겁니다.

김상근 이사: (기뻐하는 얼굴빛으로)오! 좋은 자료네요. 자료 출처와 함께 어서 전달 좀 부탁드립니다.

Scene #2 박성공 이사 집무실

박성공 이사: (방에 들어온 이문제 대리와 눈도 맞추지 않고 서류를 들여다보며)아까 미팅에서 내가 언급한 자료 좀 찾아서 클라이언트 김상근 이사에게 보내세요.

이문제 대리: (얼굴도 쳐다보지 않는 박성공 이사에게 다소 서운한 낯빛이지만 진지하게)말씀하신 내용을 어디서 찾을 수 있는지 알려주시면 김상근 이사에게 전달하겠습니다.

박성공 이사: (고개를 들고 미간을 찌푸리며)내가 분명 본 것 같으니까, 검색해보세요.

Scene #3 이문제 대리 열심히 구글링 후 다시 박성공 이사 집무실

이문제 대리: (눈치를 살피며)이사님, 말씀하신 자료와 비슷한 내용은 찾았는데 이 자료는 공신력이 있다고 말하기는 힘든 자료인 것 같고, 내용도 말씀하신 부분이랑 달라서 클라이언트에게 도움이 될지 모르겠습니다. (다소 자신 없게)혹시 제가 잘못 찾은 거라면 다시 체크해보겠습니다.

박성공 이사: (자료를 보고 펜으로 책상을 톡톡 치며)내가 본 게 이 자료가 맞는데…… 그럼 일단 이 부분은 빼고 전달하세요.

이문제 대리: (불편한 기색을 드러내며)이게 클라이언트가 요청한 자료의 핵심에 해당하는 내용이라서 그렇게 되면 특별히 회신할 사항이 없어 고민이네요.

박성공 이사: (갑자기 화를 내며)아니 그럼 미팅 때 내가 말한 근거가 좀 이상한 것 같다고 진작 얘기했어야지. 왜 이제 와서 내 핑계를 대는 거야? 미팅 준비할 때 이 정도도 찾아보지 않고 뭐했어? (서류를 이문제 대리 면전으로 던지며)얼른 클라이언트에게 전화해서 죄송하다고 말씀드려.

이문제 대리: (실망한 듯 고개를 숙이며)네.

Scene #4 다음 날 박성공 이사 집무실

박성공 이사: (아무 일 없었다는 듯 무심한 척지만 속으로는 못 믿겠다는 표정으로)이문제 대리가 프로젝트 담당자로 클라이언트

와 소통하세요.

이문제 대리: (진지하게)네, 알겠습니다. 클라이언트 측에서 본 프로젝트 관련 주간보고와 업무 프로세스 공유를 요청하고 있는데 어떻게 하면 좋을까요?

박성공 이사: (미간을 찌푸리며 단호한 목소리로)주간보고는 없게 할 거고 프로젝트 관련해서 물어보는 건 내가 클라이언트 측 의사결정권자하고 직접 이야기할 테니 그냥 잘되고 있다고만 말해요.

Scene #5 일주일 후 박성공 이사 집무실

이문제 대리: (당황하며)이사님, 클라이언트 측에서 업무가 어떻게 진행되고 있는지 궁금해하고 있습니다. 주간보고도 해주길 바라고 정기적으로 미팅할 것을 요청하고 있습니다. 혹시 지난번 의사결정권자와 하기로 하셨던 협의가 어떻게 진행된 건지 알 수 있을까요?

박성공 이사: (자신 있게)똑같아. 주간보고는 별도로 없다고 했고 중간 경과보고는 우리가 일정에 맞춰서 전달해주기로 했어. 내가 예상 일정 2개 정도 줄 테니까 대기하고 거기에 맞춰 클라이언트에게 전달해요.

이문제 대리: (쭈뼛하며)진행 중인 과업들에 대해 지금 궁금해하고 있는데……

박성공 이사: (답답한 표정으로)일일이 내용 정리해서 보고하

면 애매하니까 잘되고 있다고만 말해줘.

Scene #6 일주일 후 회의실

박성공 이사: (어처구니없는 표정으로)이 대리, 클라이언트가 내게 전화해서 컨설팅 하고 있는 거 맞느냐고 화를 내던데 대체 그동안 커뮤니케이션을 어떻게 한 거야?

이문제 대리: (당황하며)네? 저는 지시하신 대로만 소통했는데요. 혹시 어떤 것 때문에 그러실까요?

박성공 이사: (한숨 쉬며)우리가 무슨 일을 하고 있는지 모르겠다잖아. 한 달 넘게 생고생해놓고 이 따위 식으로 커뮤니케이션하면 어떡해?

이문제 대리: (또박또박)클라이언트와 따로 소통한 경우는 없었고 자료 요청 정도의 커뮤니케이션만 서너 번 진행했습니다. 프로젝트 현황도 지시하신 대로 잘되고 있다고만 말했고요.

박성공 이사: (화를 내려다가 진정하며)그래서 경과보고 일정은 잡았어?

이문제 대리: (당황하며)일정을 말씀해주신다고 하셨잖아요.

박성공 이사: (몰아세우듯이)대체 일을 왜 이런 식으로 하는 거야! 커뮤니케이션이 왜 이렇게 안 되는 거야! 클라이언트 의중을 읽어야지! 프로젝트 파기되면 책임질 거야!

X세대여, 계속 꿈꿔라

프롤로그에서도 밝혔지만 어린 시절부터 오지랖이 넓어서 남의 삶에 참 많이도 개입했다. 그중 하나가 지식과 정보를 바탕으로 친구, 동료, 후배 등을 교육하는 일이었다. 대표이사였을 때도 신입직원의 교육을 주도했고 멘토링을 진행했다. 직장생활에 최선을 다하면서도 내 가슴을 계속 뛰게 만드는 에너지 넘치는 일 즉, 교육 관련 일을 끊임없이 해왔던 것이다.

사내, 사외를 막론하고 교육을 진행하면서 스스로 어떤 교육자(강사)가 될지 구체적으로 그려봤다. 인생설계대로 50세에 교육컨설팅업체를 창업했고 별다른 시행착오 없이 기업으로부터 컨설팅, 코칭, 강의를 의뢰받아 지금까지 무사히 진행해오고 있다. 내가 다니는 직장에서 최선을 다했고 내 삶에 에너지를 주는 일을 찾아 병행했던 결과 이 두 가지가 시너지를 일으킨 셈이다.

리더십 찾기 단축키 'Ctrl+F'를 다시 한 번 언급하겠다. 앞서 수차례 강조했지만 'Ctrl+F'는 90년대생을 포함한 모두로부터 강력한 신뢰를 얻게 만드는 최첨단 무기다. 무엇보다 '신뢰'는 회사생활의 초석이며 초반에 승부수를 던져야 하는 과제다. 이 과제는 치밀한 계획과 기술을 동반해야 하는데, 'Ctrl+F' 중 단 한 가지라도 소홀하면 전체가 무너진다. 절대 새삼스러운 내용은 아니고 이미 알면서도 놓치고 시간이 없다며 뒤로 미룬 문제일 뿐이다.

이 책을 읽고 공감했다면 앞으로 당신의 삶이 더 피곤해질 것이다. 신뢰는 우리 몸으로 치자면 피로를 밀어내고 생명을 연장시키는 근육과 같다. 새로운 근육이 생겨나고 커지는 과정을 잘 알 것이다. 근육은 찢어지고 회복되는 고통을 감내하는 과정 속에서 더욱 단단해진다.

출근하기 전 바라본 거울에서 누가 보였는가? 가슴 뛰는 청년의 얼굴이었는가 아니면 어깨 처진 중년의 얼굴이었는가? 거울은 나의 가슴이 원하는 상을 보여준다. 70년대생 X세대 리더 당신의 가슴 한구석에 먼지 쌓인 채 잠들어 있는 청년을 끄집어내라. 우리의 열정은 잠시 숨겨 놓았을 뿐 절대 사그라들지 않았다. 노랑머리에 찢어진 청바지로 세상을 떠들썩하게 만들었던 당신은 아직 그대로다. 당신의 전대미문 스캔들은 여전히 현재진행형이란 말이다.

EBS 클래스ⓔ 시리즈 05

70년대생이 온다

1판 1쇄 발행 2020년 12월 10일
1판 6쇄 발행 2023년 8월 15일

지은이 박중근

펴낸이 김유열
편성센터장 김광호 | 지식콘텐츠부장 오정호
지식콘텐츠부・기획 장효순, 최재진, 서정희 | 마케팅 최은영 | 제작 윤석원
북매니저 윤정아, 이민애, 정지현, 경영선

책임편집 이만근 | 디자인 말리북 | 인쇄 우진코니티

펴낸곳 한국교육방송공사(EBS)
출판신고 2001년 1월 8일 제2017-000193호
주소 경기도 고양시 일산동구 한류월드로 281
대표전화 1588-1580
홈페이지 www.ebs.co.kr

ⓒ 2020, 박중근

ISBN 978-89-547-5595-5 04300
      978-89-547-5388-3 (세트)